KB102974

소녀를 위한 몸 돌봄 안내서

★ 하고 싶은 게 많은 너에게 주고 싶은 '몸과 마음이 함께' 자라는 습관 ★

소녀를 위한 몸 돌봄 안내서

곽세라 글 | 김설희 그림

원더박스

⋮

설마, 이대로 어른이 되는 건 아니겠죠?

어른이 된 나에게

언제가 될진 모르지만 당신이 언젠가 꼭 이 편지를 읽었으면 좋겠어요. 그
다지 특별한 것도 없고 별로 예쁘지도 않았던 한 여자아이의 이야기를요.
나는 지금 열다섯 살이고 두 달 전에 중학교 2학년이 되었어요. 2학년 3반
31번 곽세라. 키 150센티미터에 오늘 아침 재어 본 몸무게는 42킬로그
램. 코는 납작하고 얼굴은 동그랗죠. 그리고 뺨에 주근깨가 가득해요.
그래서 별명이 '까만 머리 앤'이에요.
나는 이게 전부예요. 이것 빼곤 정말 아무것도 없어요. 그냥 먼지 같은
아이죠.

공부를 못하는 건 아니지만 학교가 싫어요. 아침 일찍 일어나는 건 아무리 애를 써도 너무 힘들어요. 어른이 된 나는 아침에 실컷 잘 수 있나요? 지금 당신은 몇 시에 일어나나요? 하루 종일 의자에 앉아 있는 건 그럭저럭 익숙해졌지만 왜 그런 것들을 배워야 하는지는 아직도 모르겠어요. 어른이 되면 지금 배운 것들이 쓸모가 있나요? 아니, 기억이나 나나요?

난 책 읽는 게 제일 좋아요. 그런 것들을 배울 시간에 책을 읽고 싶어요. 책 속에 들어가 있으면 아무런 걱정도 없고 이 세상이 모두 사라져 버리거든요. 학교도, 반 아이들도, 집도, 대학 입시도……. 이다음에 커서도 난 글을 쓰는 작가가 되고 싶어요. 내가 그랬던 것처럼 사람들이 내 글 안에서 모든 걸 잊고 훨훨 날아다니게 해 주고 싶어요.

학교 수업 시간은 다 싫지만 그중에서도 체육 시간이 제일 싫어요. 달리기는 반에서 꼴찌이고 뜀틀이나 팔굽혀펴기는 단 한 개도 못해요. 하지만 그런 걸 잘하고 싶은 마음도 없어요. 몸은 몸일 뿐이잖아요. 나는 머리로 생각하고 상상하는 게 좋아요. 몸을 움직이는 건 너무 귀찮아요.

작년에 월경을 시작하고 나서부터는 더 내 몸이 낯설고 싫어요. 아니, 난 내가 이런 모습인 게 너무 마음에 안 들어요. 불공평하다고 생각해요. 난 얼굴이 둥글납작한 데다가 허벅지도 너무 굵어요. 학교에선 교복 치마를 무릎 아래까지 내려오게 입으라고 하는데 그러면 얼마나 촌스럽고 다리가 짧아 보이는지 몰라요.

아니, 사실은……

당신에게 편지를 쓰기로 결심한 진짜 이유는 그게 아니에요. 오늘 아침에 눈을 떴는데 갑자기 눈물이 왈칵 쏟아졌어요. 그리고 너무너무 외롭다는 느낌이 들었어요. 그냥 쓸쓸하다거나 슬프다거나 하는 느낌이 아니라 꽁꽁 얼어붙은 땅속에 혼자 있는 느낌, 아세요? 어디로도 갈 수 없이 막막한 기분 말이에요. 지금의 나는 하나도 마음에 안 들고, 그렇다고 어른이 되는 건 더 무섭고…….

겨울날의 고슴도치처럼 뾰족뾰족한 가시 속에 혼자 웅크리고 있는 내가 너무 가여워서 훌쩍훌쩍 울다가 문득, '언젠간 나도 어른이 되겠지?'라는 생각이 들었어요. 그래서 당신에게 편지를 쓰기로 한 거예요. 그리고 물어보고 싶었어요.

설마, 이대로 어른이 되는 건 아니겠죠?

언제가 되었건 당신이 이 편지를 읽게 된다면 꼭 대답해 주세요.

지금 당신은 몇 살인가요? 어디에 있나요? 머리는 염색을 했나요? 어떤 옷을 입고 있나요? 키가 크고 날씬한가요? 참, 글 쓰는 사람이 되었나요? 당신은 이제 외롭지도 않고 두려운 것도 없겠죠? 이제 더 이상 고민하지 않겠죠? 그리고…… 행복하겠죠?

고민 속에 혼자 웅크리고 있는
열다섯 살의 나로부터

이 편지가 어떻게 아직까지 남아 있었을까?

접은 부분이 낡아서 만지면 가루처럼 부서져 버릴 것 같은 한 장의 편지. 그건 35년 전의 내가 써서 일기장 갈피에 꽂아 두고 잊어버린 편지였다.

편지지가 부서지지 않도록 조심조심 펼쳐서 읽는데 울컥 눈물이 났다. 열다섯 살의 나는 아주 조그맣고 겁 많은 애벌레 같았다.

그리고 열다섯 살, 2학년 3반 31번 곽세라가 아직도 오도카니 답장을 기다리며 내 안에 남아 있었다. 나는 답장을 쓰기로 했다. 그리고 그 아이가 날개를 펴고 나비처럼 훨훨 날아가게 해 주고 싶었다.

안녕? 열다섯 살의 나

정말 오랜만이다. 답장이 늦어서 미안해. 35년이나 늦어 버렸네. 하지만 널 잊고 있던 적은 한 번도 없었어. 아직도 이따금씩 꼭 지금의 너처럼 느낄 때가 있는걸.
기억해. 내가 '까만 머리 앤'이던 시절…… 겉으론 쾌활하고 누구보다 잘 웃던 아이였지만 마음속은 꽁꽁 얼어붙을 정도로 외롭던 그 주근깨 가득한 아이를 어떻게 잊겠니?
모든 것이 마음에 안 들고, 모든 것이 두려웠지. 그래서 책 안에서 마음 놓고 꿈꾸고 상상하는 시간이 제일 편안하고 즐거웠어. 언젠가 어른이 되어서 학교에 갈 필요가 없게 되면 하루 종일 책만 읽겠노라고 다짐했었잖아. 운동하라는 잔소리를 들을 필요 없는 곳에서 마음만으로, 생각만으로 살아가고 싶다고 말이야.

어른이 된 지금도 체육은 여전히 싫어해. 그런 내가 한때는 운동을 열심히 해야 한다는 생각에 피트니스 강사 자격증도 따고, 요가 지도자 자격증도 따서 10년 동안 사람들에게 운동을 가르치기까지 했다면 믿겠니? 지금의 너는 아마도 믿지 못할 거야. 하지만 그땐 그래야 한

다고 생각했거든.

그런데 말이야, 억지로라도 몸을 움직여서 운동을 배우고 가르치면서 깨달은 게 뭔지 아니?

몸은 마음만큼 중요하다는 사실이야. 아니, 몸이 바로 마음이었어.

네가 좋아하는 빵을 한번 떠올려 봐. 갓 구운 빵에서 나는 달콤하고 고소한 향기를 넌 정말 좋아하지? 그건 빵 반죽에 들어간 밀가루, 버터, 달걀, 설탕이 고루 섞여서 익고 부풀어 올라 풍기는 향기지. 그 모락모락 피어오르는 맛있는 냄새가 우리의 마음이란다. 그 마음은 빵 반죽이 없으면 풍겨 나올 수가 없어. 맞아, 우리의 몸이 바로 빵 반죽이야. 뼈, 근육, 피부, 신경이 어우러져서 나만의 생각, 느낌, 기분을 만들어 내는 거란다. 빵과 빵 냄새를 따로 떼어서 생각할 수 없는 것처럼 네 몸을 마음과 떼어서 생각할 수 없는 이유를 이제 알겠니?

네가 나에 대해서 알고 싶은 게 많은 만큼 나도 너에게 해 주고 싶은 이야기가 너무너무 많아. 특히 50년간 몸과 함께 지내면서 마음으로 알게 된 것들, 그리고 마음을 다독이기 위해서 먼저 몸을 보살피는 법을 배워야 했던 경험들을 열다섯 살의 너와 나누고 싶어.

그리고 너에게 주고 싶은 선물도 일곱 개나 있단다. 선물 상자를 열어 보면 엉뚱하고 이상한 물건이 튀어나와서 널 깜짝 놀라게 할지도 몰라. 그걸 받아 들고는 어리둥절할 수도, 키득키득 웃을 수도 있어. 그래도 굉장히 재미있을 것 같지 않니?

자, 이제부터 우리 함께 긴 이야기를 나누어 보지 않을래?

그동안 내가 널 위해 정성껏 준비한 선물도 하나씩 열어서 보여줄게.

차례

3장 세상에서 제일 맛있는 건 뭘까?

4장 저는 물 주세요!

5장 나는 내 거야

6장 행복한 오렌지나무가 되는 법

1장

몸은 꿈을 이루는 도구가 아니야,
그 꿈에 닿을 때까지
함께 여행할 친구야

팔굽혀펴기 같은 건 못해도 상관 없어.

하지만 눈부신 바다엔 뛰어들어야 하지 않겠니?

데이지가 핀 비탈길은 달려 내려가고 싶지 않니?

몰디브의 산호초 속으로 다이빙해 들어가고 싶지 않니?

아라비아의 사막을 낙타를 타고

다섯 시간 동안 흔들리고 싶지 않니?

코파카바나의 삼바 축제에서

동이 틀 때까지 춤을 추어야 하지 않겠니?

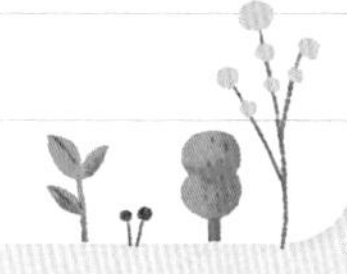

너는 신나게 세상을 누비게 될 거야

너는 늘 세계 여행을 하고 싶어 했잖아. 소공녀 세라의 나라인 인도에도 가고 싶고, 플란다스의 개의 나라인 네덜란드에도 가고 싶고, 분홍 돌고래를 만나러 아마존에도 가고 싶고…….

그 모든 걸 즐겁게 함께할 몸을 갖고 싶지 않니?

활기차고, 명랑하고, 늘 에너지 넘치는 친구가 아니면 함께 여행해도 즐겁지 않을 거야. 툭하면 피곤해하고, 짜증을 내고, 투정을 부리고, 가는 곳마다 배탈이 나고 감기에 걸리는 친구랑 24시간 붙어 지내야 한다면 그 여행이 재미있을까?

내가 그런 경험이 있어서 잘 알아. 내 생애 최초로 혼자 떠난 여행은 태국의 푸켓이었어. 이국적인 야자나무가 늘어선 바닷가, 여기저

기서 맛있는 생선 굽는 냄새가 풍겨 나오고 사람들이 맨발로 오토바이를 타고 다니는 거리를 보고 내 마음은 흥분으로 터질 것만 같았지. 빨리 첨벙첨벙 바다에도 뛰어들고, 야자나무 잎사귀에 담아 주는 생선구이도 먹고 싶었어. 그런데 내 몸이 옷깃을 잡아끌면서 이렇게 말하는 거야.

'뛰기 싫어. 난 그냥 호텔 방으로 돌아갈래.'

'난 너무 피곤해. 잠이나 더 자자.'

몸이 따라와 주지 않으면 우린 아무것도 할 수 없지. 안 그래?

막상 맛있는 음식을 앞에 놓고 앉아도 내 몸은 또 투덜투덜 불평을 늘어놓기 시작했지.

'이름도 이상한 음식들을 뭘 이리 많이 시켰어? 난 이런 향신료가 듬뿍 들어간 음식은 별로야. 어제부터 소화가 안 돼서 입맛도 없고. 그냥 저기 맥도날드에 가서 콜라랑 감자 칩이나 먹자.'

그때 나는 처음으로 결심했지. 아, 체력을 길러야 하겠구나! 어릴 때부터 책만 들여다보고 커서도 컴퓨터 화면 앞에서 글을 쓰면서 운동과는 담을 쌓고 지내다 보니, 즐거운 곳에 가고 즐거운 일들을 해낼 몸을 갖지 못했던 거야.

세라야, 즐거움도 근육이 필요해!

너는 '하루에 100개씩 줄넘기 하기' 같은 계획을 세우지. 혹은 '초콜릿은 하루에 하나만 먹기' 같은 것도. 하지만 잘 지켜지니? 아닐 거야. 왜냐하면 네가 원하는 것은 '하루에 100번 줄넘기'가 아니거든. 줄넘기를 하는 것이 인생의 목표인 사람은 없어. 초콜릿을 딱 하나만 먹고 싶은 사람도 없지.

그런데 왜 다들 하고 싶지 않은 걸 목표로 세울까? 단것을 줄이고 하루에 100개씩 줄넘기를 하면 살이 빠질 거고, 친구들이 날 보는 눈이 달라질 거고, 그래서 자존감이 살아나고 자신감을 얻을 거라고 믿기 때문에 하는 거잖아. 다이어트를 왜 하려고 하는지 찬찬히 생각해 본 적 있니? 물론 날씬하고 예뻐지기 위해서겠지. 하지만 왜 날씬하고 예뻐지려고 하는 거지? 날씬하고 예쁜 아이는 친구들에게 인기도 많고 어딜 가나 돋보이니까. 그렇다면 인기 많고 돋보이는 게 왜 중요하지? 그러면 기분이 좋고 특별한 느낌이 드니까.

맞아. 네가 원하는 건 자신감, 좋은 느낌이지 다이어트나 줄넘기가 아니야. 그렇지?

마음이 '우리 이거 할까?' 할 때 몸이 '그래, 좋아!' 하면서 죽이 착착 맞으려면 둘의 목표가 같아야 해. 마음으론 해야 하는 걸 알겠는데 하기 싫어서 그만두어 버리는 것이 한두 개가 아니지? 그건 몸이랑 마음이 사이가 나빠졌기 때문이야.

사이좋게 원하는 곳까지 함께 가려면 지금부터 몸과 잘 사귀고 대화하는 법을 연습해 두지 않으면 안 돼.

몸에게 좋은 친구가 되어 준 적이 있니?

아직 어린 나이에 극단적인 선택을 한 아이돌 스타들을 생각해 봤니? 얼굴은 화장을 안 해도 포토샵을 한 것처럼 예쁘고 몸매는 바비 인형 같았지. 그 화려한 몸 안에서 마음이 외롭고 상처받고 우울하게 지낸다면 무슨 의미가 있겠니? 아무리 예쁜 친구라도 네 말을 무시하고 늘 윽박지르고 네가 잘못한 점만을 기억한다면 그 아이와 함께 지내고 싶을까? 함께 영화관에 가고, 함께 떡볶이를 먹고, 함께 앉아 숙제를 하고 싶을까?

몸은 단 한순간도 널 떠나지 않는 단짝 친구와 같아. 몸과 사이가 좋지 않으면 그 모든 걸 하면서 기분이 엉망진창일 거야. 아무리 좋은 곳에 가고 아무리 맛있는 걸 먹어도 금방 피곤하고 싫증이 나게 될 거야.

몸을 재촉하면 마음도, 몸도 금방 지쳐서 둘 사이가 나빠지게 되어 있어. 일주일 만에 5킬로그램을 빼겠다고? 그렇게 성격 급한 친구를 몸이 좋아할까? 만약 몸이 너에게 '난 이미 거의 성인처럼 자랐는데 넌 뭐하고 있는 거야? 일주일 만에 빨리빨리 공부도 다 해치우고 경험도 쌓아서 어른스러워져 봐.'라고 한다면 어떤 기분이 들겠니?

몸은 꿈을 이루는 도구가 아니야. 그 꿈에 닿을 때까지 함께 여행할 친구야.

네가 가장 좋아하는 친구를 한번 떠올려 보렴. 넌 그 아이의 다리가 길어서 좋아하니? 그 아이의 콧날이 오똑해서? 아님 허리가 가늘어서? 아마도 아닐 거야. 그 아이와 함께 있으면 편안하고 즐겁고 말이 쉽게 통하기 때문에 좋아하는 거잖아. 네 말을 잘 들어 주고 힘들어하고 있으면 눈치 빠르게 다가와 위로해 주고…… 그렇기 때문에 그 아이의 모든 것이 마음에 드는 거야. 납작한 코도, 통통한 다리도 예쁘게만 느껴지는 거고. 몸에게 그런 친구가 되어 줘 봐. 그럼 몸도 세상에 둘도 없는 친구가 되어 줄 거야.

몸과 함께
뭘 하고 싶은지 생각해 봐

세라야, 어떻게 생각하니? 지금 필요한 건 일주일에 5킬로그램을 빼는 게 아니라 탄탄한 다리 근육을 기르는 게 아닐까? 즐겁게, 오래 걸을 수 있는 몸을 만드는 거야. 틈날 때마다 나가서 걸어 봐. '플란다스 언덕을 오르는 연습을 해야지.' 혹은 '대학교 첫 여름방학에 프랑스의 루브르 박물관을 여섯 시간 동안 걸어서 돌아보아야 하니까.' 하는 생각으로 몸과 함께 미래를 연습해 봐.

그저 의무감으로 걸으려면 즐겁지 않고 즐겁지 않으면 계속할 수 없어.

'이제 걸으러 나갈 시간이야. 언제까지 TV만 보고 있을 거야? 매일 하루에 한 시간씩 걷기로 했잖아!'라고 생각하면 몸은 뿌루퉁하게 받아치지.

'한창 재미있게 보고 있는데 무슨 소리야? 난 소파에 계속 앉아 있고 싶어. 밖은 바람도 불고.'

이렇게 몸과 마음이 티격태격하는 걸 '스트레스'라고 불러. 몸은 마음보다 훨씬 솔직하거든. 왜 하는지 모르는 일, 하기 싫은 일을 억지로 하게 만들면 화를 내고 우울해하지. 그럴 때 우리는 '스트레스를 받는다'고 느끼게 돼. 그럼 스트레스 없이 원하는 걸 하려면 어떻게 해야 할까? 그건 몸과 잘 대화하는 수밖에 없어. 몸에게 그걸 왜 하려는지를 알려 줘야 해.

난 요즘 산을 오르는 재미에 푹 빠져 있어. 올해 말에 남아메리카에 가서 마추픽추 정상에 오를 계획이거든. 벌써 비행기 티켓이며 호텔이며 예약을 해 놓았어. 생각만 해도 가슴이 뛰지 않니? 그래서 차근차근 연습하고 있는 거야. 마추픽추는 해발 2,430미터인 데다가 올라야 할 계단만 1,600개가 넘는다고 해. 거의 매일 인터넷으로 자료도 찾아보고 비디오로 다른 사람들이 오르는 모습도 보면서 머릿속으로 그곳을 오르고 있는 내 모습을 상상해. 결코 만만하지 않은 코스야. 너무 높은 곳에 있기 때문에 산소의 농도가 옅어져서 고산병에 걸리는 사람도 많아. 하지만 난 그 아름다운 정상에 꼭 오르고 싶거든. 그리고 신비한 고대 문명의 흔적을 내 눈으로 굽어보고 싶어. 그래서 폐활량을 늘리기 위해서 수영 강습에 등록하고 접영도 연습하고 있어.

하지만 제일 중요한 게 뭔지 아니? 내가 그걸 하기 싫다는 생각은 한 번도 해 본 적 없다는 사실이야. 내가 원하는 걸 하기 위한 연습이잖아. 하기 싫기는커녕 매일 연습할 때마다 마추픽추에 한 발씩 더 다가가는 느낌이 들어서 그 시간을 즐겁게 기다리고 절대로 빼먹지 않아.

좋아, 내겐 멋진 계획이 있어. 그다음은 그 계획을 행동으로 옮길 수 있고 그 경험을 즐길 수 있는 몸이 있어야 해. '마추픽추 몸 만들기.' 이 계획에는 몸도 찬성, 마음도 찬성하고 있기 때문에 꼭 이루어질 거야.

그렇게 네가 원하는 일을 할 수 있는 체력을 기른다는 마음이면 체육 시간도 그렇게 싫진 않을 거야. 그래, 넌 달리기를 하면 늘 꼴찌지. 하지만 상관 없어. 여행을 하려면 시시때때로 달려야 하지만 지금 네 달리기 실력 정도면 충분해. 기차를 놓치지 않기 위해서 뉴델리의 기차역에서 달리기에, 노을이 지는 튤립 꽃밭 속으로 뛰어들어 가기에, 공항에 마중 나와 준 친구를 달려가 껴안기에 지금의 네 속도는 아주 딱 좋아. 내 말 믿어도 돼.

네가 지금부터 꾸준히 걷기 연습을 해야 하는 진짜 확실한 이유를 알려 줄까? 10년 후, 너는 산티아고 순례자의 길도 걷게 되기 때문이지. 리스본에서 산티아고까지 600킬로미터를 무려 30일간 걷게 될 거야! 그 길은 너의 많은 것을 바꿔 놓게 돼. 특히 몸과의 관계를.

첫날, 나는 한 무리의 사람들과 함께 리스본에서 출발했어. 그 사람들은 거의 나와 같은 게스트하우스에 묵은 여행객들이었지. 서른 명 남짓한 사람들은 국적도, 나이도, 체격도 다 제각각이었지만 그 중에서 유일한 동양인이던 나는 눈에 띄게 왜소해 보였어. 사람들은 저마다 나를 걱정하는 말들을 했지.

"정말 괜찮겠어? 여기서부터 산티아고까지는 너무 먼 길인데…… 여기서 중간 지점인 포르투까지는 차를 타고 가고 거기서부터 걷는 게 어때?"

"배낭이 너무 무거워 보여. 내 배낭에 짐을 좀 나눠 줄까?"

나는 그럴수록 신발 끈을 질끈 동여매며 의지에 불탔어. '날 우습게 보다니! 좋아, 내가 제일 먼저 첫 번째 숙소에 도착하는 걸 보여 줄 테다.' 그러고는 이를 악물고 걷기 시작했어. 경치를 둘러볼 틈도 없었지. 열심히 걸어서 일등을 하고 싶었으니까. 놀듯이 슬렁슬렁 걷는 다른 사람들을 제치는 건 아주 쉬웠어. 어느 틈엔가 나는 함께 출발한 무리를 한참 앞질러 의기양양하게 혼자 걷고 있었지. 기분이 아주 좋았어. 우쭐했지.

하지만 그 기분은 오래가지 못했어. 한 두어 시간 걸었을까? 사람들 말이 맞았던 거야. 내 배낭은 내겐 너무 무거웠어. 욕심을 부려서 잔뜩 넣은 것들이 어깨를 아프게 짓누르기 시작했지. 다리는 후들거리고 등산화를 신은 발에는 벌써 물집이 잡혔어. 그대로 더 걸을 수는 없었지. 나는 길가 그늘진 구석에 털썩 주저앉아서 신발을 벗었어. 물집이 잡힌 곳에 반창고를 붙이려고 말이야. 얼마 지나지 않아서 나와 함께 출발한 무리가 나를 지나쳐 가다가 구석에 앉아 있던 나를 보고는 다가왔어. 그중 키가 크고 빨강 머리인 캐나다인 아가씨가 내게 물었어.

"괜찮아? 발을 다친 거야?"

나는 고개를 저으면서 겨우 웃어 보였지.

"아니야, 난 끄떡 없어. 발에 반창고를 좀 붙이려고 앉았을 뿐이야."

그녀는 나와 같은 또래였기 때문에 게스트하우스에 머무는 동안 친하게 지냈었거든. 이름이 캐롤이었어. 캐롤은 내 얼굴을 한번 보고는 아무 말 없이 고개를 끄덕이더니 내 곁에 베낭을 내려놓고 함께 앉았어. 그리고 내가 반창고 붙이는 걸 도와주고 나서도 그대로 나와 함께 한참을 앉아 있었지. 나머지 사람들이 저만큼 앞서가다가 눈앞에서 사라지는 걸 보면서도 말이야. 나는 슬그머니 미안한 마음이 들어서 말했지.

"이제 난 괜찮아. 너 먼저 가도 돼. 다른 사람들을 놓치면 안 되잖아."

캐롤은 빙긋 웃으며 대답했어.

"무슨 상관이야? 난 너랑 가면 되지!"

그 말에 난 가슴이 먹먹해서 아무 말도 못하고 발밑의 들풀 꽃을 바라봤어.

그녀는 자신의 배낭을 열더니 말린 자두 봉지를 꺼내 내게 내밀었지.

"달콤한 걸 좀 먹으면 기운이 날 거야."

나도 내 배낭을 열고 초코파이 두 개를 꺼내 하나를 캐롤에게 건넸어.

우리는 사이 좋게 말린 자두와 초코파이를 나누어 먹고 나서 일어섰지. 그녀 말대로 좀 쉬면서 달콤한 것을 먹고 났더니 기분도 훨씬 좋아지고 기운이 나는 것 같았어. 그녀는 다시 출발하기 전에 배낭에서 몇 가지를 더 끄집어냈어. 트랜지스터 라디오, 건전지, 슬리퍼, 샴푸 등등…….

"내가 이런 것들을 왜 가지고 왔는지 모르겠어. 무겁기만 하고 별로 쓸 데도 없는데……."

그녀는 물건들을 길모퉁이 담벼락에 세워 놓고는 종이에 '누구든 필요한 분은 가져가세요.'라고 써서 그 위에 붙였어. 그리고 씩 웃는데 그 표정이 얼마나 홀가분해 보이던지! 나도 내 배낭을 열고 욕심을 부려 잔뜩 꾸려 넣었던 것들을 꺼내기 시작했어. 세상에, 꺼내도 꺼내도 끝이 없었어. 꼭 필요한 것만 남겨 놓고 다 담벼락에 세워 놓으니 내 배낭은 홀쭉하게 절반으로 줄어들었지.

누구든 필요한 분은
가져 가세요

그러고 나서 우린 다시 걷기 시작했어. 성큼성큼 걸어서 다시 무리를 따라잡으려는 날, 캐롤이 가만히 잡아당겼어.

"우리, 천천히 가지 않을래?"

그러고는 또 이를 환히 드러내며 씨익 웃었어. 그 웃음에 난 왠지 부끄러워졌어. '난 왜 항상 이렇게 허둥지둥 서두르는 걸까? 누군가는 뒤쳐진 날 위해 함께 기다려 주고, 무리를 놓치고도 저렇게 환하게 웃을 만큼 여유로운데……. 그래, 천천히 가자. 이건 경주가 아니잖아.' 나는 어깨에 잔뜩 들어가 있던 힘을 빼고 그녀를 따라 천천히 한 발짝씩 타박타박 걷기 시작했어.

걸으면서 우리는 많은 이야기를 나눌 수 있었어. 그녀는 놀랍게도 마라톤 선수였어. 열아홉 살 때 이미 퀘벡주의 대표 선수로 선발될 만큼 우수한 선수였지.

"내가 열세 살 때 부모님이 이혼을 하셨어. 그리고 난 아빠와 함께 살게 됐지. 그때부터 달리기 시작했어."

엄마와 떨어져 살게 되면서 심각한 우울증을 겪게 된 캐롤은 무작정 학교 앞에 있는 호숫가를 달리기 시작했다고 했어.

"달리는 동안에는 아무 생각도 할 수가 없잖아. 그게 좋았어. 사실 난 폐가 약했기 때문에 조금만 달려도 숨이 찼거든. 그걸 참으며 헉헉거리면서 달리면 우울할 여유도 없었지. 그렇게 달리다가 조금 쉬려고 걸으면 온갖 미움과 외로움이 또 쏟아져 들어와서 울면서 다시 달리고……."

여기까지 말하고는 잠시 멈춰 서서 길가의 풀을 손가락으로 쓸어 내렸어.

"엄마는 한 번도 날 보러 오지 않았거든…… 왜 그랬을까? 난 아직도 엄마를 만나면 그걸 물어보고 싶어."

눈물을 흘릴 거라고 생각했지만 그녀는 날 보며 생긋 웃었어.

"그래도 그렇게 훈련한 덕분에 폐도 튼튼해지고 체력도 강해졌어. 열다섯 살 때 육상부 코치가 날 학교 대표 선수로 장거리 육상 대회에 내보내 줬던 게 내 인생을 바꿔 놓았지."

그 대회에서 단번에 캐나다 우승컵을 거머쥔 그녀는 달리는 거리를 점점 늘려서 훈련을 하기 시작했고 결국은 마라톤 선수가 되었다고 했어.

"너, 마라톤 해 본 적 있니?"

그녀가 이렇게 물었을 때, 난 작게 웃음을 터뜨리고 말았지.

"풋, 마라톤은커녕 1킬로미터도 달려 본 적 없어."

고백하는데, 고등학교 체육 시간에 억지로 500미터 달리기를 해 본 게 지금까지도 내 인생 최장거리 달리기 기록이야. 그녀는 날 따라 웃더니 말을 이었지.

"42.195킬로미터를 달리면 어떤 느낌이 드는지 알아? 몸으로 벽을 뚫고 지나가는 느낌이 들어. 시멘트와 벽돌로 지어진 아주 두툼한 벽을 맨몸으로 뚫고 지나가는 느낌. 어떤 사람은 달리는 게 즐겁다고 하는데 난 한 번도 달리는 게 즐거운 적이 없었어. 하지만 달리고 있는 동안에는 외롭지 않았고, 내가 대회에서 우승할 때마다 엄마가 어딘가 TV에서 날 보고 자랑스러워할 거란 생각에 달리는 걸 멈출 수가 없었어."

우리는 둘 다 한동안 말이 없었지. 먼저 다시 말을 꺼낸 건 나였어.

"지금은 마라톤을 그만둔 거야?"

내 물음에 그녀는 희미하게 웃었어.

"작년에 발목 인대에 부상을 입었거든. 마라톤 선수로 뛴 지 7년 만의 일이야. 꽤 심각한 부상이었기 때문에 수술을 하고 병원에 한동안 입원해야 했어. 열세 살 때부터 달리지 않았던 날은 그 두 주간이 처음이었어. 믿을 수 있니?"

나는 고개를 저었어. 누군가가 14년 동안 하루도 빠짐없이 달렸다는 걸 나로선 믿을 수 없었으니까.

"퇴원하고 나서도 몇 달간 나는 목발을 짚고 다녀야 했어. 그리고 물리치료를 받으러 병원에도 계속 다녀야 했고. 나는 물리치료사에게 제일 먼저 이걸 물었지. '언제쯤 다시 달릴 수 있을까요?' 그는 상냥한 목소리로 대답했어. '일단 걸음마부터 시작하죠. 잘 걸을 수 있게 되면 그때 달리는 걸 생각해도 늦지 않아요.' 그의 말에 나는 너무 실망해서 주저앉고만 싶었어. 영원히 다시 달릴 수 없게 되는 걸까? 다음 달에 당장 전국 마라톤 대회가 있는데 걸음마부터 시작해야 한다니!"

치료는 더디게 진행됐고 그녀는 점점 지쳐 갔어. 그중에서도 가장 견디기 힘들었던 건 달릴 수 없다는 사실이었어. 엄마를 향한 원망과 그리움이 밀려들어 올 때 도망칠 곳이 없어졌기 때문에. 하지만 그녀는 운이 좋았지. 그 대신 아주 좋은 물리치료사를 만났거든. 그는 참을성 있게 그녀의 이야기를 들어 주고 위로해 주었다고 해.

"그는 나중에서야 내게 말했어. 내 발목 부상을 보고 처음부터 흔한 증상이 아니라고 생각했다고. 인대가 그 정도로 파열되려면 아주 오랜 시간 무언가에 쫓기듯 달리지 않으면 안 된다고. 난 그 말을 듣는 순간 땅이 푹 꺼지는 것 같아 펑펑 울었어."

그 물리치료사는 캐롤에게 천천히, 한 발짝씩 걷는 법을 가르쳤어.

"여유롭게 천천히 걷는다는 게 그렇게 힘든 줄 처음 알았어. 왜, 자전거로 씽씽 달리긴 쉽지만 걷는 사람의 속도에 맞춰서 천천히 가는 건 어렵잖아. 내 몸이 딱 그런 자전거였던 거야. 속도를 늦추려고 하니까 비틀비틀 중심 잡기조차 힘들었어."

하지만 그녀는 물리치료사와 함께 꾸준히 걷는 걸 연습했지. 몸을 학대하는 것이 아니라 몸을 돌보면서 함께 걸어가는 법을, 몸이 힘들다고 신호를 보내면 쉬는 법을.

"내 발목은 끝내 완전히 낫지 않았어. 일상생활을 하는 데는 문제가 없지만 다시는 선수로 뛸 수 없다는 진단을 받았지."

"실망이 컸겠구나."

"아니, 오히려 홀가분했어! 나 스스로도 깜짝 놀랄 만큼."

물리치료가 끝나던 날, 그 치료사는 캐롤에게 말했어.

"이제 산책을 하세요. 42.195킬로미터를 달릴 수는 없어도 마음 내키는 대로 얼마든지 걸을 수 있으니까요. 축하드립니다."

그리고 그해 가을, 그 둘은 결혼식을 올렸지.

캐롤과 함께 매일 일곱 시간씩 걸으면서 나는 '걷기'를 배웠어. 아니, '산책'을 배웠어. 즐기면서 걷는다는 게 무엇인지를 27년 만에 처음으로 경험한 거야. 그녀가 마라톤을 그만두고 재활 훈련을 받을 때처럼 나도 처음엔 비틀거렸어. 서둘러서, 달리듯이 걷던 습관이 자꾸만 튀어나왔거든.

우린 뭐든지 '빨리' 하라고 배웠잖아. 아주 어렸을 때부터 말이야. '빨리 일어나서 학교 갈 준비해!' '빨리 와, 절대로 늦으면 안 돼.' '빨리 가지 않으면 좋은 자리를 놓친단 말이야.' '이것 좀 빨리 해 주세요.' '빨리 밥 먹고 금방 갈게.' 그래서 난 빨리 걷고, 빨리 먹고, 빨리 해치우는 데 익숙해져 있었던 거야.

그때마다 캐롤은 상냥하게 내 손을 잡고는 '천천히, 천천히.'라고 말해 줬어.

"세라야, 왜 그렇게 서두르니? 마음 놓고 느긋하게 걸어 봐. 바람이 이렇게 좋고 구름이 저렇게 예쁘잖아."

그녀가 그렇게 타이를 때마다 나는 분주히 땅을 보고 걷던 걸음을 멈추고 허리를 쭉 폈어. 아, 정말 뭉게구름이 예쁘게 떠 있네! 고개를 들고 눈을 드니까 전혀 다른 것들이 보였어. 물론 걸음걸이도 느리고 가벼워졌지.

“난 이제 마라톤 대표 선수는 아니지만 그 대신 걷기 선수가 됐어. 그리고 그쪽이 훨씬 행복해. 천천히 구름을 바라보면서 걷는 덴 아마 내가 캐나다 대표 선수일 거야.”

그녀는 또 싱긋 웃으면서 말했지. 나는 그렇게 30일 동안 척추를 펴고 느긋하게 구름을 보며 걷는 연습을 했어. 그리고 ‘걷는다’는 게 정말로 어떤 것인지를 알게 됐지.

걷는다는 건, 마음의 리듬을 몸의 리듬에 맞춰서 함께 움직이는 거야. 걸으면 머리끝부터 발끝까지 모든 세포와 근육과 뼈가 들리지 않는 음악에 맞추어 춤을 춘단다. 그뿐이 아니야. 우리 몸을 가득 채우며 흐르고 있는 물도 부드럽게 출렁이면서 깨끗하고 싱싱해지지. 그래서 산책을 예술이라고까지 불러.

나는 스스로를 작가보다는 ‘산책가’라고 부르길 좋아한단다. 산책은 나의 하루에 빼놓을 수 없는 일과가 되었어. 산책을 하지 않은 날은 잠을 자지 못한 것처럼 머릿속이 멍하고 몸도 피곤하거든. 서두르지 않고 한 걸음씩 가볍게 걷는 건 내 몸과 마음을 다독다독 위로하는 것과 같아.

아무것에도 방해받지 않고 자유롭게 걷고 있으면 생각들이 가지런히 정리되고 마음이 맑아진단다. 그래서 많은 철학가, 명상가, 예숲가 들은 걸으면서 생각을 했어. 생각은 머리로만 하는 게 아니라 몸으로도 하는 거거든. 그건 과학으로도 증명된 사실이야. 뇌는 몸을 움직일 때 가장 활발하게 깨어나서 일하기 시작해. 또 새로운 뇌세포를 만들어 내고 그 세포들을 서로 연결하지. 그래서 뇌가 자라나는 시기의 어린아이들은 한시도 몸을 가만히 두질 못하고 구르고, 뛰고, 기어오르는 거야. 유치원에 들어가도 제일 먼저 우리가 배우는 건 율동이잖아. 수학이나 역사가 아니라.

성인이 되고 나서도 뇌를 싱싱하게 유지하려면 몸을 움직이는 것보다 좋은 방법은 없단다. 그중에서도 경치를 감상하면서 느긋하게 산책하는 건 뇌에게 레몬주스를 한 잔 주는 것과 마찬가지야.

너도 경험했을 거야. 학교 수업이 끝나고 친구들과 집에 천천히 걸어가면서 이야기할 때 왠지 수다가 훨씬 재미있고 새로운 아이디어가 불쑥 떠오르기도 하잖아?

세라야, 달리기는 잘 못해도 돼. 꼴찌라도 상관없어. 달리기를 못해서 놓치는 기회는 거의 없단다. 빨리 달리지 못해서 좋은 사람을 놓치는 일도 없고. 하지만 잘 걷지 못하면 많은 것을 놓치게 돼. 천천히 걸어야만 볼 수 있는 아름다운 풍경도 놓치게 되고, 길을 걸으면서 만나는 좋은 인연도 놓치게 되고, 무엇보다 나의 몸과 사이좋게 한 발짝씩 대화 나눌 수 있는 기회를 놓치게 되지.

난 네가 잘 걷는 사람이었으면 좋겠어. 즐겁게, 천천히, 오래 걸을 줄 아는 사람이었으면 좋겠어. 그래서 몸과 함께 어디든 행복하게 여행할 수 있도록 말이야.

2장

웃을 때 예쁜 얼굴, 움직일 때 예쁜 몸

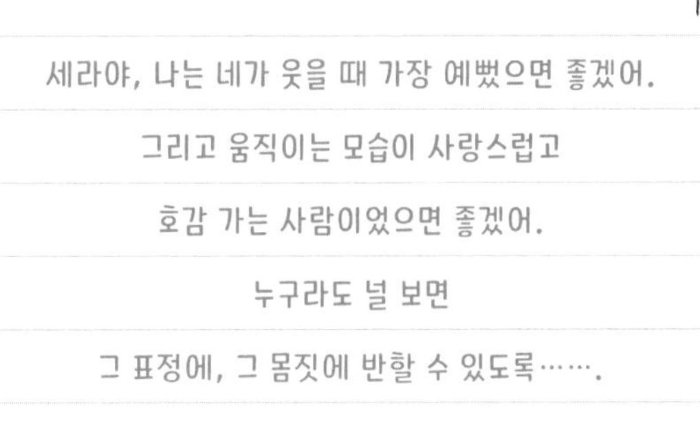

세라야, 나는 네가 웃을 때 가장 예뻤으면 좋겠어.

그리고 움직이는 모습이 사랑스럽고

호감 가는 사람이었으면 좋겠어.

누구라도 널 보면

그 표정에, 그 몸짓에 반할 수 있도록…….

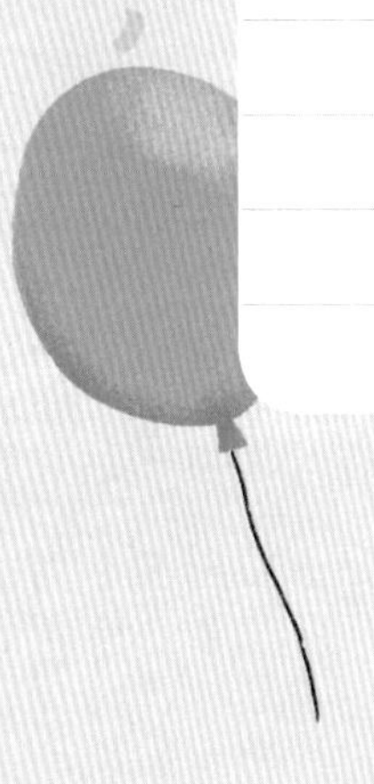

예쁘다는 건 '느낌'이지 '생김'이 아니란다

웃는 모습이 특히 예쁜 친구들이 있지? 그냥 평범한 얼굴인데도 웃으면 반짝반짝 크리스마스트리에 불을 켠 것처럼 빛이 나는 아이들 말이야. 그런 아이들은 항상 친구도 많고 인기가 좋지. 함께 있으면 덩달아 기분이 좋아지니까. 그게 바로 표정이 예쁜 사람의 매력이야. 표정이 예쁜 사람들은 말을 할 때도, 먹을 때도 예뻐 보여. 그래서 그 아이와는 같이 뭘 먹고 싶고, 똑같은 말을 해도 듣는 사람이 쉽게 공감하고 고개를 끄덕이게 되지.

반대로 얼굴형도 갸름하고 눈도 크고 코도 오똑해서 아주 예쁜 얼굴인데도 시간이 지날수록 왠지 그다지 끌리거나 호감이 가지 않는 친구도 있을 거야. 그런 친구를 한번 잘 살펴보면 웃는 모습이 어색할 때가 많아. 표정이 예쁘지 않은 거지.

그런 얼굴이 예뻐 보이는 건 증명사진 속뿐이야. 하지만 우리가 친구가 되고, 함께 이야기를 나누고, 사랑을 하고, 함께 여행을 떠나는 건 살아 움직이는 표정이지 증명사진이 아니잖아?

네가 가장 좋아하는 사람을 한번 떠올려 보렴. 우리가 '보고 싶다' '그립다'라고 말하는 것은 그 사람의 표정이지 눈, 코, 입이 아니지 않니? 그 사람의 눈, 코, 입이 어우러져 그려 내는 느낌을 보고 싶은 거고 그 사람만이 지을 수 있는 독특한 표정이 그리운 거잖아.

나도 가끔씩 돌아가신 외할머니를 떠올릴 때면 책을 읽다가 돋보기 너머로 날 바라보며 빙긋이 웃던 그 얼굴이 제일 먼저 떠올라. 그때 할머니의 눈가와 입가에 지던 웃는 주름이 얼마나 다정했던지……. 지금은 미국에 살고 있어서 자주 볼 수 없는 오랜 친구의 모습 중에서도 내가 농담을 하면 콧등을 찡그리면서 키득키득 웃던 표정, 양손에 커피 두 잔을 들고 흘릴 새라 생쥐처럼 살금살금 걸어오던 모습이 제일 그립고 보고 싶어.

우리가 '모습'이라고 부르는 것들은 얼굴과 몸이 짓는 표정이란다. 예쁘다, 귀엽다, 사랑스럽다는 것도 몸과 얼굴이 어울려 그려 내는 느낌이지 그 생김생김이 아니야.

표정은 얼굴이 움직이는 모습이란다. 우리의 몸이 앉고, 구르고, 서고, 걷고, 달리고, 뛰어오르는 것처럼 우리 얼굴도 이 근육들과 함께 하루 종일 분주히 움직이고 있어. 웃고, 찡그리고, 말하고, 놀라고, 시치미를 떼고, 하품을 하고……. 우리 얼굴에는 43개의 크고 작은 근육이 있어. 그리고 웃을 때는 17개의 근육을, 찡그릴 때는 11개의 근육을 사용해야 해. 그러니까 웃는 것보다 찡그리거나 시무룩한 표정을 짓는 게 더 쉽게 느껴질 수가 있지. 아무 생각 없이 있을 때 "너 화났니?" 혹은 "무슨 안 좋은 일 있니?"라는 말을 자주 듣는다면 자기도 모르게 얼굴 근육이 화난 쪽으로, 시무룩한 쪽으로 굳어져 버린 거야. 그 반대로 "넌 항상 뭐가 그렇게 좋니?"라는 말을 자주 듣는다면 웃는 근육이 발달해서 그런 거야. 육상 선수의 다리 근육이 강해지고 역도 선수의 팔 근육이 커지는 것처럼 말이야.

키도 크고 팔다리가 늘씬한데도 움직임이 엉거주춤, 왠지 뻣뻣하고 부자연스러운 사람들이 있지? 그런 사람들은 큰 키가 멋있어 보이기는커녕 오히려 움직임을 더 어색해 보이게 만들어. 키가 작고 통통해도 움직임이 날렵하고 물 흐르듯이 자연스러운 사람들은 보는 사람도 기분 좋게 만들지. 얼굴의 움직임도 마찬가지란다. 유연한 얼굴 근육들이 생생하고 부드럽게 움직이면서 그려 내는 표정은 마음을 움직이고 '정말 예쁘다'는 인상을 심어 주게 돼.

성형을 많이 한 얼굴도 그래서 예쁘지 않은 거야. 얼굴 근육에 깁스를 씌운 것과 같거든. 분명 눈, 코, 입이 더 또렷해지고 주름도 팽팽해졌는데 근육을 움직여 말하거나 웃는 순간 표정이 뻣뻣해지면서 매력이 사라지지. 움직임이 부자연스러우니까.

넌 지금 있는 그대로 충분히 예쁘다는, 그런 뻔한 이야기를 하려는 게 아니야. 그럴 생각이었다면 이 편지를 시작하지도 않았겠지. 내가 뻔한 소리를 얼마나 싫어하는지는 네가 제일 잘 알잖아?

몸에 관심을 가지고 예뻐지려고 노력하는 건 자연스러운 거고, 또 그래야만 해. 쉰 살이 된 지금도 나는 거울 앞에서 많은 시간을 보내는걸. 머리 모양이 마음에 들지 않는 날엔 몇 번이고 머리를 올렸다 내렸다, 컬을 말았다 풀었다 하면서 안달을 내고, 조금이라도 눈이 더 커 보이게 하려고 화장을 할 땐 절대로 마스카라를 빼먹지 않지. 우리가 몇 살이 되건 자신을 꾸미고 더 아름답게 보이기 위해 노력하는 건 자연스러운 일이야.

하지만 나는 네가 웃을 때 제일 예쁜 사람이었으면 좋겠어. 움직이는 모습이 반할 만큼 매력적인 사람이었으면 좋겠어. 눈, 코, 입이 움직여서 만들어 내는 느낌이 얼굴 표정이라면 팔, 다리, 몸통이 움직여서 만들어 내는 느낌은 몸 표정이겠지. 분명 몸에도 표정이 있고 그 표정은 얼굴 표정보다 훨씬 크고 뚜렷하단다. 그리고 얼굴 표정은 숨기거나 꾸밀 수 있지만 몸 표정은 그러기 힘들어. 그래서 사람들은 '바디랭귀지'를 읽으려고 하지. 거짓말, 거짓 표정은 쉬워도 몸으로 거짓말을 하긴 아주 어렵거든.

우리 이제 하나씩, 움직일 때 예쁜 몸 만드는 법 이야기를 해 볼까?

"아~ 심심해!"

세라야, 너는 마음이 조금도 가만히 있질 못하지. 몸을 움직이는 건 싫어하지만 머리를 움직이는 건 누구보다 빠른 아이니까. 가장 먼저 머릿속 생각들이 달려 나가고, 그 생각들을 따라 마음이 달려 나가고, 그 마음이 움직이는 대로 기분이 오르락내리락 춤을 추지.

넌 심심한 걸 참지 못하잖아. 그런데 말이야, 그 심심한 시간이 참 재미있어질 수가 있어. 그러려면 '아, 내가 지금 심심하구나!'라고 일단 알아채야 해. 그리고 한동안 그 심심함 속에 잠겨 있어 봐.

한번 상상으로 연습을 해 볼까? 배가 고프지도 않은데 냉장고 문을 열고 있거나 검색할 것도 없는데 핸드폰을 열고 있는 순간, 우리 마음속에서 초인종이 울린 거야.

'딩동, 딩동!'

'누구세요?'

'심심함이에요. 잠깐 얘기 나누러 왔어요.'

'어서 오세요. 그러지 않아도 기다리고 있었어요.'

그렇게 심심함을 마음속에 들이고 한동안 이런저런 이야기를 나눈다고 상상해 봐.

심심함은 아주 좋은 손님이란다. 이따금 마주 앉아 함께 시간을 보낼 가치가 충분하지. 심심함은 수다스럽지 않아. 그냥 내 이야기를 들어주고 고개 끄덕여 주는 속 깊은 손님이야. 나는 자주 내가 먼저 심심함을 초대하기도 하는걸. 심심하게 보내는 시간이 없는 사람은 항상 바쁘기만 할 뿐 여유가 없단다. 뭔가 딱히 해 놓은 일도 없는데 늘 정신이 없지. 우리 뇌는 여유롭고 느긋한 걸 좋아하기 때문에 심심한 시간 속에 멍하니 잠겨 있을 때 번득이는 아이디어가 솟아나. 생각이 정리되고 마음이 차분해지지.

그리고 그 시간은 몸과 대화하기 가장 좋은 기회야. 심심하다는 기분이 든다는 건 사실 몸이 우리에게 말을 걸고 있는 거거든. 우린 바쁠 땐 몸을 잊어버리잖아. 너도 재미있는 일에 한창 빠져 있거나 맛있는 음식을 먹을 때도 몸을 생각하지 않지?

몸은 속 깊은 친구라서 우리가 바쁠 땐 기다려 준단다. 흥분되고, 걱정되고, 바쁘고, 재미있던 일들이 회오리바람처럼 지나가고 거기에 휩쓸려 있던 마음도 잔잔하게 가라앉았을 때를 기다렸다가 마침

내 우리가 심심함을 느낄 만큼 한가해지면 용기를 내어 머뭇머뭇 말을 걸지.

'똑똑똑…… 저어…… 바쁘지 않다면 잠깐 너랑 이야기하고 싶은데, 괜찮을까?'

이럴 때 그 말을 휙 무시하고 게임을 시작한다거나 TV를 켠다거나 과자 봉지에 손을 뻗어 버리면 몸은 굉장히 섭섭해할 거야.

이제부터는 심심하다는 생각이 들 때마다 잠시 마음을 멈추고 '알았어.'라고 몸에게 말해 주렴. 그리고 가만히 눈을 감고 몸이 하는 말을 들어 봐. 머리끝부터 발끝까지 하나하나 떠올리면서 어떤 느낌인지 집중하는 거야. 특히 너는 머리로 생각하고 눈으로 읽는 걸 좋아하기 때문에 항상 고개를 푹 숙이고 있지. 너에게 이건 고개를 들고 머리를 가볍게 하는 연습을 할 절호의 기회야. 심심하다고 다른 읽을거리, 볼거리 속으로 다시 고개를 숙이지 말고 아예 눈을 감아 버려!

지금 심심하니? 잘됐다. 풍선과 소프트아이스크림의 시간이야. 이제 우린 풍선 놀이를 할 거야. 풍선이 어디에 있느냐고? 차근차근 하나씩 설명해 줄게.

첫 번째 선물: 풍선과 소프트아이스크림

일단 눈을 감아 봐. 그리고 느릿느릿 숨을 쉬어 봐. 슬로 모션으로 숨을 쉬는 거야. 천천히 들이마시고, 천천히 내쉬고. 이번엔 조금 더 느리게, 달팽이가 기어가듯이 아주 느린 숨을 쉬어 보렴. 그럼 마음도 느려지고 생각도 느긋해질 거야. 그렇게 느린 숨을 쉬면서 어깨에서 힘을 스르륵 풀어 버려. 봄에 소프트아이스크림을 손에 들고 걷다 보면 녹아서 흘러내리잖아. 어깨가 그렇게 스르륵 흘러내려야 해. '어깨가 소프트아이스크림처럼 녹아내린다.'라고 마음속으로 주문을 외워도 좋아. 여기까지 잘 따라왔니? 이제 풍선 놀이를 할 준비가 된 것 같은데?

초등학교 때 소풍을 가거나 엄마, 아빠랑 놀이동산에 놀러 가면 넌 항상 한 손에는 풍선을, 다른 손에는 소프트아이스크림을 들고 있었지. 지금도 가끔 그 사진을 앨범에서 들춰 보면 웃음이 나와. 양손에 좋아하는 것들을 쥐고는 어찌나 함빡 웃는지 거의 찌푸린 것처럼 보이는 그 모습이 재미있어서 말이야.

지금은 네 머리가 바로 풍선이란다. 머리가 풍선처럼 두둥실 떠오른다고 상상해 봐. 그리고 그 모습을 눈앞에 그려 봐. 공기보다 가벼운 풍선이 동실동실 떠올라서 천정까지 가 닿는 게 보이니? 아주 잘했어. 계속 머리를 풍선이라고 상상하면서 위로 띄우면 순식간에 키가 쑤욱 자라는 느낌이 들 거야. 그건 머리 무게에 짓눌려 있던 목과 척추가 펴지기 때문이야.

잠깐! 풍선이 떠오르는 중에도 소프트아이스크림은 계속 녹아내려야 해. 어깨 말이야. 머리가 위로 떠오른다고 어깨까지 덩달아 함께 떠올라선 안 돼. '풍선은 떠오르고, 소프트아이스크림은 녹아 내린다.'라고 주문을 외우면 쉽지. 머리는 위로위로, 어깨는 아래로아래로…….

똑같은 키인데도 훨씬 커 보이는 사람들이 있지? 체조 선수나 무용수 중에는 실제 키가 아주 작은 사람들이 많단다. 하지만 직접 만나 보면 전혀 작다는 느낌이 들지 않아. 오히려 길쭉길쭉하고 시원스럽게 커 보여. 그 비결이 바로 이거란다. 머리를 위로 띄우고 어깨를 내리고 척추를 길게 늘이는 것!

넌 네 키가 너무 어중간하다고 늘 불평했었잖아. 아예 작아서 귀여운 것도 아니고 훌쩍 커서 멋있는 것도 아니라고……. 이 연습을 계속하면 네 실제 키보다 3센티미터는 커 보이게 돼. 굉장하지 않니? 자세의 힘은 네 체형의 결점까지 가려 줄 수가 있어. '머리는 풍선, 어깨는 소프트아이스크림'을 계속 연습하다 보면 목이 훨씬 길어지기 때문에 얼굴이 작고 갸름해 보여. 어깨를 치켜올리던 버릇이 없어지면 숨쉬기도 한결 편해지니까 표정도 밝아지지.

지금 네 목과 어깨가 어떤 느낌이지? 아까보다 훨씬 편안하고 가볍게 느껴지지?

몸을 사귈 때 가장 중요한 건 서로의 이야기를 들어 주는 거야. 친구를 사귀는 것과 똑같지. 몸이 말을 걸 때, 그러니까 심심하고 따분하다는 생각이 들 때마다 눈을 감고서 머리는 위로 띄우고 어깨는 아래로 흘려보내면 척추가 시원하게 펴지면서 숨을 쉬게 되지. 어깨가 가벼워지고 척추가 곧게 펴지기만 해도 일단 몸은 만족스러운 미소를 보낼 거야.

그게 익숙해지면 학교에서 수업을 들을 때에도 '풍선과 소프트아이스크림' 자세를 연습해 봐. 목과 척추가 길게 펴지면 뇌와 연결된 신경들도 활짝 기지개를 펴기 때문에 머리가 훨씬 맑아져서 수업 내용이 쏙쏙 들어오게 될 거야.

식탁에 앉아 밥을 먹을 때도 풍선과 소프트아이스크림을 연습하기 아주 좋은 기회지. 척추가 길게 늘어나 몸통의 공간도 길고 시원스럽게 넓어지니까 구부정한 자세 속에 웅크리고 있던 위와 소화 기관들이 기지개를 켜고 신나게 움직이기 시작하거든.

한 두어 달쯤 연습하면 이 자세가 몸에 붙게 돼. 그리고 주위에서 서서히 알아보기 시작할 거야. "너 요새 키가 부쩍 큰 것 같다?" 혹은 "얼굴이 작아졌어. 살도 빠진 것 같고……."라는 말을 듣게 되지. 그리고 가장 중요한 건 네가 스스로를 더 좋아하게 될 거라는 점이야.

몸이랑 자주 이야기를 나눌수록 '나'와 더 친해지고, '나'와의 갈등이 줄어들면 스트레스도 놀랄 만큼 줄어들거든. 사실 네가 받는 스트레스의 대부분이 '나' 때문이잖아. 그렇지 않니?

'아이참, 난 왜 늘 이 모양이지?' '내가 왜 또 이걸 하고 말았을까?' 등등.

내가 좋아진다는 건 내 몸과 사이가 좋아진다는 뜻이야. 몸도 나를 좋아하게 되었다는 뜻이지.

두 번째 선물: 당나귀 한 마리

머리를 가볍게 위로 띄워 올리는 게 왜 그렇게 중요할까? 그건 우리 머리가 아주아주 무겁기 때문이야. 네 머리보다 큰 수박 한 덩이보다도 훨씬 무겁단 말이야. 믿을 수 있니? 보통 성인의 머리 무게는 5킬로그램이거든. 1리터짜리 생수 다섯 병을 들고 다니려면 두 손으로 들어도 금세 낑낑거리게 되잖아. 그걸 하루 종일 척추 위에 얹고 다닌다고 생각해 봐. 그건 보통 일이 아니야. 틈틈이 머리를 가볍게 올려 주지 않으면 무거운 볼링 공으로 눌러 놓은 것처럼 목, 어깨, 허리의 연골이 점점 납작해지게 되거든. 네 또래 아이들 중에도 벌써 목이 아프고 허리가 아픈 사람이 생기는 것도 무리가 아니지.

그렇게 무거운 머리에 비해서 우리 척추는 가느다랗고 섬세해. 특히 머리를 직접 받치고 있는 목뼈는 더 가늘고 더 섬세하지. 그래서 자세가 나쁜 사람들은 제일 먼저 목이 짧아지고 그다음엔 척추가 눌리면서 휘어지거나 굽어져서 몸통이 둥글납작해진단다. '풍선과 소프트아이스크림'을 연습하지 못한 사람들의 공통된 체형 특징이 바로 이거야. 눈사람처럼 목이 없고 몸통이 둥그런 것.

그럼 이제 좀 더 본격적으로 머리를 가볍게 하는 이야기를 시작해볼까?

일단 두 손으로 귀를 한번 잡아 봐. 그리고 귀 전체를 빙 돌아가면서 손가락으로 만져 봐. 귀가 약간 얼얼하도록 좀 세게. 귀가 정확히 어디에 있는지, 어떻게 생겼는지 손으로 만져서 기억하려는 것처럼 말이야. 좋아. 이젠 귀를 놓고 그 얼얼한 느낌으로만 귀를 느껴 봐.

눈으로 보지 않고, 손으로 만지지 않아도 귀가 확실히 느껴지면 준비가 다 된 거야.

그 귀가 당나귀 귀처럼 쑤욱, 기다랗게 위로 자라난다고 상상해 보렴. 당나귀는 귀가 정말 크지. 머리 위로 한참 솟아 나와 있잖아. 네 귀도 상상 속에서 쑥쑥, 머리 위로 한 뼘 정도 자라나야 해.

어때? 양쪽 귀를 따라서 머리가 부웅 위로 떠오르지? 여기서 잠깐, 네 턱을 보렴. 아마도 살짝 안쪽으로 당겨 들어가 있을 거야. 그게 바른 자세란다. 바로 그걸 위해서 '당나귀 귀'가 필요했던 거야.

이 연습이 중요한 건 '풍선과 소프트아이스크림'을 할 때 놓쳤던 턱의 위치를 잡기 위해서야. 양쪽 귀가 위로 자라나는 느낌을 연습하면 자연스럽게 턱이 살짝 안으로 당겨져 들어가게 되거든.

흔히 '고개 들어!' '어깨 펴!'라는 말을 들을 때마다 우리는 잔뜩 긴장하고는 머리 대신 턱을 들게 되지. 어깨를 펼 때도 왠지 턱이 치켜올라 갈 때가 많고. 그럴 때 요긴한 게 '당나귀 귀'를 떠올리는 거야. 그 전에 손으로 귀를 한번 만져 주면 굉장히 도움이 되지. 정확히 어느 위치에서 귀가 자라나는지 확인할 수 있거든.

턱을 치켜들면 앞에서 봤을 땐 목이 길어진 것처럼 보이지만 사실은 목 뒤쪽이 움츠러들면서 목뼈가 더 짧아지게 되어 있어. 그리고 승모근이 뭉쳐서 목이 뻣뻣한 느낌이 들면서 어깨도 결리게 되지.

귀가 자라나는 느낌을 계속 연습하다 보면 턱을 치켜드는 게 아니라 뒷목, 그러니까 목에 뻗어 있는 척추를 길게 펴 줄 수 있단다. 뒷목이 편안해지니까 어깨도 자연스럽게 내려가게 되고 말이야. 이쪽이 훨씬 좋지 않니?

아까 눈사람 얘기를 했었지? 목이 짧아서 몸통 위에 머리가 얹혀진 것처럼 보이게 하는 몸 습관 말이야. 서두르거나 바쁠 때, 무언가에 골몰해서 마음을 빼앗기고 있을 때, 스트레스를 받고 우울할 때 제일 먼저 목이 사라져 버린단다. 창피한 실수를 저질렀을 때도 우린 "이크!" 하면서 거북이처럼 목을 쏙 집어넣잖아.

그런데 이게 습관이 되면 우리 몸은 그 자세를 '편하다'고 느끼게 돼. 실은 편한 게 아니라 목이 짧고 굵어졌을 뿐인데 말이야. 그러니까 그 자세에 익숙해지지 않는 게 중요하단다. 긴 목을 원한다면 목을 길게 하는 자세에 익숙해져야 해. 그러면 그 자세가 편안하게 느껴지게 되고 실수로 목을 움츠리고 있다가도 금방 다시 바른 자세로 돌아올 수 있게 되지.

오늘 아침, 친구를 만나러 나가던 길에 깜박 잊고 집에 지갑을 두고 나왔지 뭐야. 허둥지둥 다시 집으로 들어가 지갑을 챙겨서 약속 시간에 늦지 않으려고 분주히 걷다가 얼핏, 가게 유리문에 비친 내 모습을 봤는데 어찌나 우습던지! 만약에 누가 봤다면 '저기 눈사람이 걸어가고 있네!'라고 놀렸을 거야. 어깨는 잔뜩 치켜 올라가고, 목은 온데간데없이 사라지고, 등은 동그랗게 말아서 허겁지겁 구르듯이 걷고 있는 모습이 영락없는 눈사람 같았지.

깜짝 놀라 1초간 멈춰 서서는 마법의 주문을 외웠어. '풍선, 소프트아이스크림, 내 귀는 당나귀 귀…….' 그러고 나서 다시 내 모습을 보니 비로소 다시 목이 나타나고 어깨도 아래로 내려가고 등도 반듯이 펴져 있어서 휴~ 한숨을 내쉬었어.

앉는다는 건 멋진 일이야, 멋지게 앉기만 한다면

너는 정말 앉아 있는 시간이 많지, 안 그래? 책벌레에 생각 벌레에……. 앉아 있는 게 꼭 나쁜 건 아니야. 나쁘긴커녕 중요한 일들은 거의 우리가 앉아 있을 때 일어나지. 인생엔 앉아서 읽어야 할 책이 아주 많고, 앉아서 나누어야 하는 이야기도 아주 많고, 느긋하게 앉아서 즐겨야 할 멋진 음식도 넘쳐나고, 앉아서 써야 할 편지도, 책도 너무 많고, 앉아서 곰곰히 생각해야 하는 일도 아주 많으니까.

앉는다는 건 멋진 일이야, 우리가 멋지게 앉기만 한다면 말이야.

그런데 앉아 있는 모습이 예쁘기란 참 힘들어. 그렇지? 어깨랑 등은 새우처럼 둥그렇게 말리고, 턱은 치켜 올라가서 얼굴이 납작해 보이고, 아랫배는 볼록 나오고, 허벅지가 굵게 퍼져서 다리는 짧아

보이고…….

그건 우리가 '앉는다'는 동작을 오해하고 있기 때문이야. 그렇게 앉는 건, 앉아 있다기보다는 의자에 기대어 누워 있다고 표현하는 게 맞을 거야. 제대로 앉는다는 건 서 있는 것과 비슷해. 단, 엉덩이로 선다는 점이 달라.

엉덩이로 선다는 게 도대체 무슨 말일까? 우리가 서 있는 방식엔 두 가지가 있단다. 한 가지는 발로 땅을 디디고 '일어서' 있는 것이고 또 한 가지는 엉덩이뼈로 의자를 디디고 '앉아 서' 있는 거야.

일단 일어서 볼까? 신체검사 시간에 키를 잴 때처럼 최대한 키가 커지게 무릎을 펴고 등도 쭈욱 펴고 배랑 엉덩이에도 힘을 주어 집어넣고 머리를 하늘 높이 올려 봐. 좋아. 그 자세 그대로 무릎만 천천히 굽혀서 내려와 봐. 엉덩이뼈가 의자에 닿을 때까지. 머리끝부터 엉덩이까지의 길이가 서 있을 때와 똑같아야 해.

지금 앉아서 이 책을 읽고 있다면 앉은 채로 엉덩이 아래로 손을 넣어서 엉덩이뼈를 만져 봐. 오른쪽, 왼쪽으로 하나씩 동그스름하게 뾰족한 뼈가 만져지지? 그걸 좌골이라고 해. 앉을 좌(坐)에 뼈 골(骨), 말 그대로 '앉는 뼈'야. 그 뼈를 두 발 삼아 의자 위에 오뚝 서 있을 수 있으면 멋지게 잘 앉은 거란다.

이제 엉덩이로 선다는 말이 조금 이해가 되지?

처음부터 앉기 위해 만들어져 있는 이 뼈를 모르는 사람이 놀랄 만큼 많아. 이 뼈를 발 삼아 의자 위에 '앉아 서' 있는 법을 모르기 때문에 사람들은 의자 탓을 하지.

"앉아만 있었더니 허리가 너무 아파." "오래 앉아 공부를 하면 당연히 배가 나오게 되어 있어."

그렇게 말하는 사람들은 거의 모두가 의자 등받이에 등을 기댄 채 '앉아 누워' 있는 거란다.

지금 잠깐 의자 등받이를 돌아볼래? 그리고 작별 인사를 해 줘.

"안녕, 등받이. 지금까지 고마웠어. 하지만 이젠 더 이상 네게 기대는 일 없을 거야."

바이 바이. 이제부터 우리는 의자 등받이로부터 멀찌감치 떨어져 앉게 될 거야. 엉덩이를 대는 곳은 등받이로부터 멀면 멀수록 좋으니까. 의자의 맨 끝, 가장자리가 우리가 앉는 자리야. 지금 당장 의자의 모서리로 옮겨 앉아 봐. 살짝 걸터앉는다는 느낌으로. 수업 끝나는 종이 울릴 시간이 되면 빨리 교실 밖으로 뛰쳐나가고 싶어서 의자 모서리에 엉덩이를 반만 걸치고 반쯤은 서 있는, 그 자세 알지? 바로 그게 최고의 앉는 자세야. 바르게 앉았다면 언제든 스프링처럼 튕겨 일어날 수 있어야 해. 그렇게 앉으면 자연스럽게 두 발이 바닥에 닿고 발 위로도 체중이 조금 실리게 돼. 서 있을 때처럼 다리 근육도 써서 앉아야 해.

만약에 일어서기 전에 뭉기적거리게 되고 귀찮은 마음이 들고 시간이 걸린다면 잘못 앉은 거야.

그럼 이번에는 등받이에 등이 닿도록 의자에 깊숙이 엉덩이를 넣어서 한번 앉아 봐. 두 발이 바닥에서 달랑 들리지? 그렇게 앉으면 다리로 지탱하는 힘이 없어지기 때문에 허리에 무리가 갈 수밖에 없어. 온 체중을 허리 하나로 받쳐야 하니까 힘이 들어서 오래 똑바로 앉아 있을 수 없는 거야. 게다가 등받이까지 있으니 등 근육도 게을러져서 자세는 점점 구부정하게 되지.

이젠 의자에 누워 있지 않고 '앉아 서' 있을 수 있겠지?

기억하렴. '앉아 서' 있는 비결은 의자 모서리에 엉덩이뼈만 살짝 걸치고 두 발로 단단히 바닥을 딛는 것임을.

브래지어 끈이
한쪽만 흘러내리는 이유

아직도 생각나. 학교 다닐 때 항상 브래지어 끈이 한쪽만 흘러내리던 것. 정말 신경 쓰이고 귀찮았었지. 그런데 있잖아, 알고 보니 그건 가방 때문이었어. 어휴, 책가방이 어찌나 무거웠던지. 그 커다란 보라색 가방을 난 늘 왼쪽 어깨에 메고 다녔지. 오른손에는 버스 안에서 읽어야 할 책을 들어야 하니까. 심지어 걸어가면서까지 책을 읽은 적이 많았어. 요즘 아이들이 스마트폰을 들여다보는 것처럼 나는 책을 들여다보느라고 많은 것을 놓쳤지. 지나치는 사람들의 표정, 가로수 잎의 흔들림, 계절이 바뀌는 소리, 아는 친구가 내게 손을 흔드는 것, 신호등의 파란 불, 내가 탈 버스……. 그중에서도 제일 안타까운 건 내 자세를 놓친 거야.

무거운 가방을 한쪽 어깨에 메고 고개를 푹 숙인 채 책을 읽으며 걷는 게 내 몸을 어떻게 바꾸어 놓을지 그땐 상상도 못했거든.

좁은 어깨에서 가방이 흘러내리지 않게 하느라고 나도 모르는 새 왼쪽 어깨를 힘껏 치켜올리는 게 버릇이 되어 버렸어. 왼쪽이 올라가니까 당연히 오른쪽 어깨는 아래로 처지게 되고 그 자세가 나도 모르게 '내 몸'으로 굳어 버린 거야. 그런데 정말 문제는, 가방을 내려 놓은 뒤에도 여전히 왼쪽 어깨를 치켜올린 채 지내게 되었다는 거야. 밥을 먹을 때도, 공부를 할 때도, 심지어 잠을 잘 때까지 내 왼쪽 어깨는 무거운 가방을 멘 것처럼 올라가 있었어. 그러니 오른쪽 브래지어 끈이 항상 흘러내리는 게 당연해.

세라야, 네가 책을 쉽게 내려놓을 수 없다는 걸 잘 알아. 학교에 다니려면 무거운 가방도 어쩔 수 없이 들고 다녀야 하고. 하지만 조금만 생각해 보면 몸의 균형을 망가뜨리지 않으면서도 그 모든 걸 할 수 있단다. 지금은 단지 브래지어 끈이 흘러내려 귀찮을 뿐이지만 삐딱해진 어깨로 계속 지내게 되면 등뼈까지 한쪽으로 휘어지게 돼.

잠깐만, 척추가 휘어진다는 건 네가 지금 생각하는 것보다 훨씬 무시무시한 일이야. 척추는 우리 몸을 지탱해 주는 기둥과 같거든. 그 기둥이 휘어지면 늘 목과 허리가 아프게 되지.

지금, 네 몸이 유연하고 아직 굳지 않았을 때 조금만 신경 쓰면 쉽게 고칠 수 있어. 나중에 어른이 된 뒤, 온몸이 습관으로 굳어진 뒤에 고치려고 하면 굉장히 힘이 들고 잘 고쳐지지도 않아. 그걸 지금 고치지 않고 그대로 지내면 만사가 귀찮고, 움직이기 싫어하고, 늘 짜증을 내는 어른으로 자라나는 거야.

그뿐만 아니야. 척추가 휘어지면 몸 한가운데의 균형이 잡히지 않으니까 우리 몸은 당황하게 돼.

'앗, 이 일을 어쩌지? 몸이 휘어지면 큰일인데……. 일단 배와 허리둘레에 지방을 두툼하게 쌓아서 균형을 맞춰야겠다!'

그래서 결국은 배까지 불룩 나오게 되지. 팔다리는 날씬한데 배만 나온 어른들 중엔 척추가 휘어진 사람이 아주 많단다. 테이블 한쪽 다리가 짧아서 흔들거리면 그 아래 책이나 종이를 접어 받치지? 그런 것처럼 우리 몸은 지방을 받쳐서 몸의 중심을 잡으려고 애쓰는 거야.

그래서 반듯한 자세가 중요해. 몸에게 '나는 온몸이 균형 잡혀 있고 아무런 문제가 없어.'라는 마음이 들게 해 주면 몸도 불필요한 지방을 쌓을 필요가 없게 된단다.

내가 인도에서 돌아와 요가 강사로 일할 때 많은 사람이 내게 물었어.

"선생님, 요가를 하면 뱃살이 빠질까요?"

나는 그때마다 이렇게 대답했어.

"척추가 곧게 펴질 때까지 요가를 꾸준히 하면 뱃살이 더 이상 필요하지 않기 때문에 저절로 사라질 거예요."

일단, 가방은 한쪽 어깨로 메는 것보다는 양쪽 어깨에 멜 수 있는 게 좋아. 가방을 메기 전에는 양쪽 어깨 끈 길이가 똑같은지 확인하는 것도 중요해. 지금은 왼쪽 어깨가 올라가 있기 때문에 양쪽 끈 길이가 똑같아지면 처음엔 불편하고 가방이 오른쪽으로 처지는 느낌이 들 거야. 그때 끈 길이를 고치지 말고 그 느낌을 왼쪽 어깨를 내려서 조절하려고 해 봐. 조금씩 조금씩 몸에게 '바른 어깨의 느낌'을 가르쳐 줘야 해. 그리고 가방에 다 넣지 못한 걸 따로 들어야 할 때엔 손잡이가 짧은 가방에 넣어서 손에 드는 게 어깨에 메는 것보다 좋단다. 그리고 양손으로 자주 번갈아 가며 드는 것도 잊지 마.

가방을 어깨에 멜 때도 네가 오른팔부터 넣는지 왼팔부터 넣는지 관심을 갖고 살펴보렴. 분명히 습관적으로 먼저 넣는 팔이 있을 거야. 그걸 알았으면 일부러 다른 쪽 팔부터 넣어 보려고 해 봐. 그걸 바꾸는 건 아주 작은 순간이야. 0.5초 정도 걸리지. 몸에 붙은 자잘한 습관들을 부수는 게임이라고 생각하고 즐겁게 해 보렴. 아직도 난 종종 그 게임을 해. 신발을 신을 때, 무심코 오른쪽 신발을 먼저 신으려는 순간 0.5초 멈춤. 그리고 왼쪽 신발부터 신기. 티셔츠를 입을 때, 습관대로 머리부터 넣으려는 순간 멈춤. 0.5초 후에 팔부터 넣기. 커피 잔을 쥐기 전에 0.5초 정지. 왼손으로 컵을 쥐기…….

거북목이 싫다면
도도하게 'No!'

너는 책을 읽을 때면 늘 고개를 푹 숙이고 웅크려 앉지. 멀리서 보면 네가 이마부터 책 속으로 들어가려는 것처럼 보일 지경이야. 요즘 아이들은 책뿐만 아니라 컴퓨터, 스마트폰 속으로도 다이빙해 들어가야 하기 때문에 고개를 푹 숙이고 있는 시간이 훨씬 더 길어졌어. 하지만 나는 이해해. 그건 굉장히 자연스러운 거야. 무언가에 빠져들면 우린 본능적으로 머리부터 들이밀게 되어 있거든. 친구들과 어울릴 때도, 그중에 네가 특히 좋아하는 아이가 있으면 너도 모르게 그 아이 쪽으로 바싹 다가앉게 되고 몸을 기울여서 얼굴을 더 가까이 가져가게 되잖아. 더 잘 보고, 더 잘 들으려고. 그래서 누군가를 자주 바라본다는 건 그 사람에게 관심이 있다는 숨길 수 없는 증거가 되지. 눈이 가는 데 마음이 가게 되어 있고 마음이 가는 데 눈이 따라가게 되어 있거든.

기억나지? 초등학교 6학년 때 네가 성민이를 좋아한다고 학교에 소문이 났던 것. 누구에게도 말한 적 없고 그냥 혼자 마음속으로 몰래 좋아했을 뿐인데 아이들이 그걸 어떻게 알았을까? 그건 네 눈이 너도 모르는 새 그 아이를 따라 움직이고 있었기 때문이란다. 그래서 네 머리가 늘 해바라기처럼 성민이가 가는 쪽으로 기울어져 있었을 거야. 민감하고 눈치 빠른 반 아이들이 그걸 놓쳤을 리가 없지.

중요한 행사가 있거나 네가 관심 있는 일이 벌어져도 자연스레 목을 길게 뽑아서 그쪽으로 머리를 더 가까이하려 하지. 그건 정보를 받아들이고 우리를 표현하는 거의 모든 기관이 머리에 모여 있기 때문이야. 보고, 듣고, 냄새 맡고, 맛보고, 생각하고, 말하고, 표현하는 것들이 거의 머리 부분에서 이루어지니까.

그런데 앞에서 우리 머리가 얼마나 무거운지 이야기했던 것 기억나니? 그러지 않아도 5킬로그램이나 나가서 무거운 머리가 어느 쪽으로든 기울어지면 그걸 받쳐야 하는 목과 척추가 느끼는 무게는 네 배, 다섯 배로 늘어난단다. 고개를 앞으로 15도만 숙여도 12킬로그램, 30도 숙이면 18킬로그램, 60도로 푹 숙이게 되면 무려 28킬로그램이나 되는 무게를 느끼게 돼!

하지만 더 위험한 건 그렇게 오래 지내다 보면 습관이 되어서 그 자세가 몸에 붙어 버린다는 점이야. 그럼 그 거북목 자세가 편하게 느껴지지. 그래서 주위 사람들이 "고개를 똑바로 들고 다니렴. 왜 목을 그렇게 푹 꺾고 있니?"라고 말해 주면 "난 이게 편해. 날 그냥 내버려 둬."라고 대답하게 되는 거야.

그게 편하게 느껴지면 큰일이란다. 지금은 조금 불편하게 느껴지더라도 조금씩 연습해서 고쳐야 해. 바른 자세가 편안하게 느껴질 때까지 말이야.

다리를 다쳐서 깁스를 하게 됐다고 생각해 보렴. 그러면 당장은 앉아 있는 게 편하겠지. 움직여야 할 때는 휠체어를 타는 게 편하고. 하지만 그게 편하다고 해서 계속 앉아 있거나 휠체어만 타고 다닌다면 어떻게 될까? 힘들더라도 한 발짝씩 걷는 연습을 해야 다리 근육을 튼튼하게 유지할 수 있고 빨리 다시 걸을 수 있지 않겠니? 그것과 똑같아. 목을 다시 원래의 자연스럽고 건강한 위치로 되돌려 놓으면 다시는 거북목으로 돌아가고 싶지 않을 만큼 기분 좋고 편안하단다.

책을 안 읽을 수는 없어. 현대 사회에선 컴퓨터나 스마트폰을 쓰지 않고 살아가기도 힘들지. 하지만 기본 규칙만 지킨다면 마음껏 책을 읽고 컴퓨터와 스마트폰을 즐기면서도 목을 지킬 수 있단다. 그 기본 규칙은 '나를 굽히지 않는다'야. 그게 무슨 뜻일까? 이유를 설명하기 전에 몇 번 혼잣말로 외워 보렴. 나를 굽히지 않는다, 나를 굽히지 않는다…….

외웠으면 당장 연습해 보자. 너, 지금 이 책을 어떻게 읽고 있니?

책상에 앉아서? 소파에 기대어서? 아니면 책을 무릎 위에 놓고 웅크려서? 그것도 아니면 지하철에 서서? 어떻게 읽고 있어도 좋아. 중요한 건 책과 너와의 관계를 알아차리는 거니까. 지금 둘 중 어느 쪽이 더 상대에게 관심이 있는지 말해 줄 수 있겠니? 책이 네 쪽을 향해 오고 있는지, 아니면 네가 책 쪽을 향해 가고 있는지 말이야. 맞아. 아마도 틀림없이 네가 책을 향해 몸을 숙이고 머리를 기울이고 있을 거야. 그렇지?

그 관계를 뒤집어서 책이 너를 향해 오도록 해 봐. 그게 '나를 굽히지 않는다'는 이 규칙의 전부란다.

음식을 먹을 때도 마찬가지야. 네가 좋아하는 라면이나 수박을 먹을 때를 떠올려 보렴. 겨울날 따뜻한 코코아를 마실 때를 떠올려 봐도 좋아. 그것들을 어떻게 먹었지? 늘 네가 몸을 굽히고 어깨를 움츠려서 라면을 담은 그릇에, 수박이 놓인 접시에, 코코아 컵에 다가갔잖아. 그렇게 '나를 굽히는' 습관이 네 목과 척추를 조금씩 망가뜨리고 있다는 걸 잊지 마.

이제부터는 책이, 스마트폰이, 라면이, 수박이, 코코아가 널 향해 오도록 해야 해. 바른 자세를 위해서 우린 좀 도도해질 필요가 있어.

자, 우리의 마법 주문을 다시 한번 외워 볼까?

풍선, 소프트아이스크림, 내 귀는 당나귀 귀.

머리는 가볍고 높게 둥실 떠 있고, 어깨는 부드럽게 녹아내려 가고 있고, 귀가 머리 위 한 뼘 높이까지 쑤욱 자라나서 턱부터 시작되는 척추를 길고 반듯하게 느낄 수 있을 때까지 몇 번이고 천천히 되풀이해서 외우는 거야.

아주 좋아. 그대로 있어. 우린 이제 거기서 꼼짝도 하지 않고 기다릴 거야. 머리도, 어깨도, 척추도 그 느낌 속에 그대로 둔 채로 보고 싶고 먹고 싶은 것들이 날 향해 오도록 할 거야.

지금은 이 책을 계속 읽고 싶지? 그럼 책상 위나 무릎 위에 놓여 있던 책을 손으로 집어서 네 눈높이까지 들어 올려 봐. 자, 처음으로 고개를 숙이지 않고 책을 읽어 본 소감이 어때?

컴퓨터 모니터도 네 눈높이에 맞게 올려 둘 수 있는 무언가를 찾아보렴. 모니터 아래에 책을 쌓아도 좋고 작은 선반 같은 받침대 위에 올려놓아도 좋아.

가벼운 책이나 스마트폰은 손으로 올려 들고 보는 걸 권해. '어깨는 소프트아이스크림'을 꾸준히 연습해서 어깨가 치켜올라 가지만 않는다면 좋은 팔 운동이 된단다. 스마트폰이 그다지 무겁지도 않은데 사람들이 거의 다 고개를 푹 숙이고 보는 이유는 팔을 드는 동작이 익숙하지 않아서야. 보통 스마트폰의 무게는 200그램쯤 돼. 레몬 한 개 정도의 무게야. 그걸 두 손으로 들어 올리는 것과 수박보다 무거운 5킬로그램짜리 머리를 15도, 30도 각도로 숙이는 것 중 어느 쪽이 몸에 더 부담을 줄까?

팔의 위쪽, 우리가 흔히 팔뚝이라고 부르는 부분은 크고 중요한 근육들로 둘러싸여 있지만 사용할 기회가 많지 않아. 특히 버튼 하나로 모든 것을 할 수 있는 편리한 세상에서는 말이야.

팔은 척추부터 시작한다는 사실을 알고 있니? 그러니까 등 근육부터 시작해서 우리가 날개뼈라고 부르는 견갑골을 감싸고 어깨를 타고 내려오는 커다란 근육 덩어리가 모두 팔에 연결되어 있어. 그 팔 근육을 운동시키기 위해서 굳이 무거운 덤벨을 들어 올리거나 네가 싫어하는 팔굽혀펴기를 할 필요가 없단다. 정말 반가운 소식이지? 고개를 숙이는 대신 '그것'들을 들어 올리기만 하면 돼. 책을, 스마트폰을, 음식 접시를, 코코아 컵을……. 척추도 반듯해지고, 목도 길어지고, 등과 팔의 군살도 사라지면서 날씬해지고 탄탄해질 거야. 몸에 붙일 만한 가치가 충분한 습관 아니니?

처음 들어 올려서 책을 읽기 시작하면 아마 곧 팔이 아파올 거야. 그건 지금까지 네가 팔 근육을 그만큼 쓰지 않았기 때문이지. 그러면 팔을 내리고 조금 쉬었다가 다시 들어 올리면 돼. 그때 눈도 함께 쉬어 줄 수 있으니까 눈 건강을 위해서도 좋단다.

이제 책이나 컴퓨터, 스마트폰처럼 눈으로 봐야 하는 것은 네 눈높이만큼 올 때까지, 라면, 수박, 코코아처럼 입으로 먹어야 하는 것은 네 입술 높이만큼 올 때까지 반듯하게 머리를 띄운 채 기다려 보렴.

지금까지 해 오던 대로 고개를 숙여서 보거나 먹고 싶은 생각이 들거든 도도하게 'No!'라고 말해 줘.

3장

세상에서 제일 맛있는 건 뭘까?

몸 돌봄
안내서

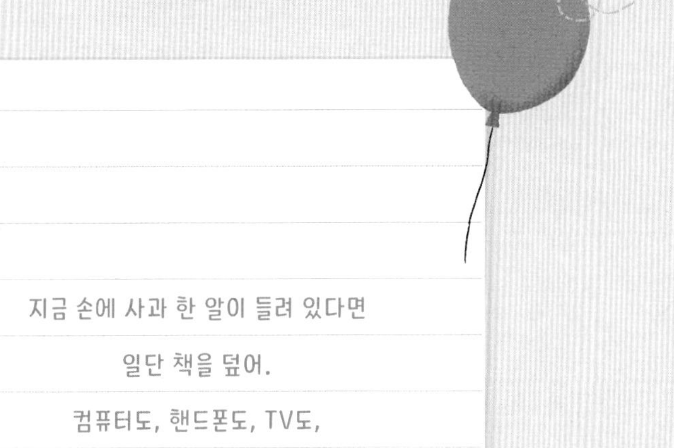

지금 손에 사과 한 알이 들려 있다면

일단 책을 덮어.

컴퓨터도, 핸드폰도, TV도,

다른 생각들도 모두 내려놓고

사과를 바라봐. 그게 첫걸음이야.

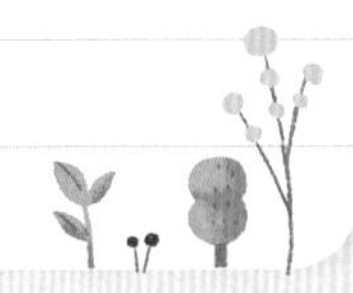

나는 네가 건강한 편식을 했으면 좋겠어

몸과 음식은 따로 떼어서 생각할 수 없지. 우리가 먹는 것이 우리 몸을 이루니까 당연히 음식과 친구가 되지 않으면 몸과도 친해질 수가 없어.

음식을 적으로 만들어선 안 돼. 요즘은 음식과 싸우는 사람들이 정말 많아졌어. 먹고 싶어지면 불안해하고, 더 먹고 싶어지니까 맛있는 음식을 미워하고, 먹고 나서 후회하고, 먹으면서도 불안해하고, 음식을 떠올리면 참아야 한다는 강박에 괴로워하는 사람들이 많단다.

친구를 사귈 때도 처음부터 좋은 친구를 잘 가려서 사귀는 게 중요하지. 친구들 중에도 함께 있으면 힘이 나고, 자신감을 심어 주고, 서로 믿을 수 있고, 배울 점이 많은 아이가 있지? 음식도 그래. 그런 음식을 발견하고 친하게 지내야 해. 함께 놀 때는 재미있지만 헤어지고 나면 왠지 허탈한 기분이 드는 친구가 있을 거야. 먹는 순간에만 즐거움을 주는 정크 푸드는 그런 친구와 같아.

그리고 좋은 친구를 오래, 깊게 사귀면 자연스레 그 친구 주변에 있는, 그와 비슷한 친구들을 많이 사귀게 되지. 한번 좋지 않은 친구와 습관적으로 오래 어울리다 보면 또 그 비슷한 친구들이 주위에 가득해지게 돼 있어.

건강하고 좋은 음식은 또 다른 진짜 음식을 부르게 되어 있고 정크 푸드는 더 많은 정크 푸드를 먹고 싶게 만들어. 밀가루 음식, 설탕이 잔뜩 들어간 음식, 기름기 많은 음식 등은 중독성이 아주 강해. 만약에 지금 네가 배가 고프지도 않은데 햄버거가 먹고 싶다면 그건 어제 먹은 햄버거가 보내는 신호라는 걸 기억해. 따분할 때 감자칩을 먹고 싶다면 그건 네 몸이 원하는 게 아니라 따분한 오후에 먹었던 수많은 감자칩들이 또 다른 친구를 부르고 있는 것뿐이야.

세라야, 나는 네가 '건강한 편식'을 했으면 좋겠어. 모든 음식을 골고루, 다 잘 먹을 필요는 없어. 특히 요즘처럼 음식을 흉내만 낸 가짜 음식들이 넘쳐나는 세상에선 말이야. 평생 사귈 친구를 고르는 것처럼 정성껏, 조심스럽게 '내 음식'을 골라 보렴.

그렇게 꾸준히 '내 음식'과 친하게 지내다 보면 가짜 음식들이 눈앞에 있을 때 '이건 내 음식이 아니야.'라고 금방 알아볼 수 있게 된단다. 또 넌 여행하면서 유명하고 맛있는 요리를 먹고 싶어 하잖아. 그런데 만약에 음식과 건강한 관계를 맺고 있지 못하다면 그 멋진 요리 앞에서 칼로리 계산이나 하거나 한 입 먹을 때마다 죄책감에 시달리게 될 거야. 그건 네가 원하는 경험이 아니잖아. 그렇지?

지나치게 달고, 짜고, 기름기 많고, 첨가물이 듬뿍 들어간 정크 푸드에 입맛이 길들여지면 섬세한 맛을 느끼는 혀의 감각이 둔해져서 음식 본래의 맛을 잘 느끼지 못하게 돼. 스물일곱 살 때까지의 내가 그랬듯이.

세 번째 선물: 벨기에 초콜릿

스물여덟 살 되던 해, 네가 좋아하는 초콜릿의 본고장 벨기에에서 여섯 달을 지내게 돼. 그곳에서 진짜 초콜릿을 맛보게 되지. 브뤼셀의 한 작은 골목에 있는 수제 초콜릿 가게에서. 그곳은 내가 머물던 집에서 천천히 걸어서 5분 정도의 거리에 있는 아담하고 예쁜 가게였어. 슈퍼마켓에서 포장해서 파는 그런 초콜릿이 아니라 주인 할머니가 직접 카카오를 녹이고 재료를 섞고 틀에 붓고 체리를 얹어서 굳히는 모습을 하나하나 볼 수 있는, 진짜 초콜릿을 살 수 있는 곳이었지.

처음으로 그 가게의 문을 열고 들어가던 날, 난 가벼운 흥분을 느꼈어. 아, 드디어! 내 버킷 리스트에 있던 '벨기에에서 수제 초콜릿 먹어 보기'를 이루는 순간이었으니까.

진열대에 놓인 초콜릿들이 하나같이 윤기가 흐르고 탐스러워 보여서 뭘 골라야 할지 한참을 망설이다가 그중 내 눈에 제일 맛있어 보이는 걸 하나 골랐어. 아몬드가 박힌 커다란 걸로.

그런데 말이야, 고대하고 고대하던 '진짜' 초콜릿을 한 입 베어 물었는데 전혀 단맛이 느껴지질 않는 거야! 얼마나 놀랐던지! 그때 주인 할머니가 내 얼굴을 보고는 재미있다는 듯이 물었어.

"왜? 맛이 없니?"

나는 솔직하게 고개를 끄덕였어.

"아가씨, 싸구려 가짜 초콜릿을 너무 많이 먹은 모양이네."

할머니는 빨간 앞치마에 손을 문질러 닦으면서 내게 다가왔어.

"지금껏 먹어 온 건 초콜릿 가루를 섞은 설탕과 버터 덩어리야. 진짜 초콜릿 향을 느끼려면 시간이 좀 걸릴 테니 우리 가게에 매일 와요. 내가 전혀 새로운 맛을 경험하게 해 줄 테니. 아마 깜짝 놀랄걸?"

나는 진짜 초콜릿 맛을 느끼게 해 준다는 말에 솔깃해서 그 할머니의 말대로 매일 오후에 그 작은 가게에 들렀지. 할머니는 그때마다 내게 딱 엄지 크기의 조그마한 사기 컵에 따뜻한 초콜릿을 담아 주면서 말했어.

"생 초콜릿이야. 그걸 한 모금 머금고 입안에서 천천히 굴려 봐. 초콜릿으로 혀를 완전히 감싼다는 느낌으로."

초콜릿을 마셔 본 건 처음이었어. 틀에 넣어 굳히기 전의 액체 초콜릿은 따뜻하고 매끄럽고 묵직했지. 하지만 그 맛은 내겐 아직 너

무 썼어. 믿을 수가 없을 정도로. 정말 이게 초콜릿이라고?

"서둘러 삼키려 하지 말고 초콜릿 향이 입안과 콧속으로 충분히 스며들 때까지 기다려야 해."

맛은 없었지만 그 작은 컵을 천천히 비우고 나면 왠지 마음이 따뜻해지고 힘이 솟는 기분이었어. 그것이 진짜 음식의 힘이었다는 건 시간이 흐른 뒤에 알게 됐지만 말이야.

매일 그 연습을 한 지 일주일쯤 되는 날이었을 거야. 그날도 할머니가 시키는 대로 혀가 온통 초콜릿으로 뒤덮일 때까지 입안에서 천천히 굴리고 있는데, 어느 순간 눈이 번쩍 뜨이는 거야. '아, 이게 초콜릿 향이구나!' 그 느낌을 난 아직도 잊을 수가 없어. 그 짜릿한 달콤함이란! 깊고, 풍부하고, 마치 맛이 물감처럼 온몸으로 스며드는 것 같았지. 딸기 맛 사탕만 먹다가 진짜 딸기를 맛본 느낌이랄까?

설탕으로 뒤범벅이 된 초콜릿에 무뎌졌던 내 혀의 감각이 돌아오면서 드디어 진짜 음식이 품은 단맛을 느낄 수 있게 된 거야. 난 너무 기뻐서 할머니를 꼭 안아 드렸어.

"이제 느껴져요! 초콜릿이 이렇게 맛있는 거였다니……."

할머니는 웃으면서 내가 처음 오던 날 골랐던 아몬드 박힌 초콜릿을 다시 내밀었지. 당연히 첫날과 전혀 다른 맛이 났어. 한 상자라도 거뜬히 먹어 치울 것같이 달콤하고 향긋해서 먹는 내내 너무나 행복했단다.

과자를 먹을까,
사과를 먹을까

세라야, 초콜릿 이야기는 내가 처음 맛을 배운 이야기야. 난 네가 좀 더 일찍 진짜 음식에 눈떴으면 해. 빠를수록 좋지. 일단 진짜 음식의 진짜 맛을 배우고 나면 흉내만 낸 가짜 음식들은 시시해서 저절로 멀어지게 된단다. 억지로 끊으려고 할 필요조차 없어. 다이어트 때문에 억지로 먹고 싶은 마음을 억누르게 되면 오히려 더 먹고 싶어질 뿐이야.

'나는 과자를 너무너무 좋아하고 먹고 싶지만 다이어트 중이니까 참아야 해. 지금은 어쩔 수 없이 사과로 견뎌 보자.'라는 생각에 불행한 얼굴로 사과를 우적우적 씹어 먹는 건 사과 낭비, 에너지 낭비야. 왜냐고?

첫째, 아무리 많은 사과를 먹어도 '과자를 먹고 싶어.'라는 마음은 사라지지 않기 때문이지. 너는 처음부터 과자를 먹고 싶었던 거지 사과를 먹고 싶었던 게 아니잖아. 그렇지? 그런 식으로 먹으면 먹고 싶던 과자를 먹은 것도 아니고 사과를 맛있게 먹은 것도 아닌 흐지부지한 상태가 되어 버리는 거야. 그게 반복되면 원래 좋아하던 사과를 싫어하게 될 수도 있어. 사과를 '먹고 싶은 음식 대신 먹는 것'으로 기억하게 되니까. 사과처럼 맛있는 음식에 엄청난 실례를 하는 거잖아. 그럼 과자를 끊기로 결심했는데 과자가 너무 먹고 싶을 때 어떻게 하느냐고? 차라리 아무것도 먹지 말고 기다려 봐. 그리고 스스로에게 물어 봐.

'잠깐만, 지금 내가 정말 원하는 게 뭐지?'

내 고등학교 친구 중에 스트레스를 받을 때마다 커다란 양푼에 밥과 남은 반찬을 모두 쏟아붓고는 마구 비벼서 그 양푼을 끌어안고 와구와구 먹던 아이가 있었어. 한번은 그 친구 집에서 함께 숙제를 하고 있는데 그 아이 어머니가 방문을 벌컥 여시더니 친구에게 잔소리를 쏟아 놓기 시작하는 거야.

"양말을 벗었으면 똑바로 다시 뒤집어서 빨래통에 넣으라고 몇 번을 말했니? 방도 친구 오기 전에 치워 놓으라고 했더니 지저분하게 그대로고. 그렇게 어질러진 데서 공부가 제대로 되니? 응? 엄마 시장에 다녀올 테니 그동안 침대 밑에 어질러진 옷도 다 치우고 책상 위도 깔끔하게 다 치워, 알겠니?"

어머니가 집 밖으로 나가자마자 친구는 부엌으로 돌진하더니 씩씩거리며 양푼 비빔밥을 만들기 시작했어. 찬밥이며, 깍두기며, 나물이며, 멸치볶음이며, 손에 닿는 건 모두 쓸어 넣고 비빈 다음 커다란 숟가락으로 가득 한 입 떠 넣고 우물우물 씹어 삼켰지. 그러고 나서야 친구는 '휴우~' 하고 숨을 내쉬면서 조금 진정되는 것 같았어. 나는 그 모습을 멍하니 보고만 있었어. 친구가 그 양푼을 다 비울 때까지. 우린 수업이 끝나고 집에 오기 전에 이미 분식집에서 라면과 볶음밥을 먹고 온 상태였거든. 친구가 그때 양푼 가득 담아 먹고 있던 것은 비빔밥이 아니었어.

심심할 때, 게임을 할 때, TV를 볼 때, 공부가 잘 안 될 때 과자로 손이 가지? 그건 네가 지금까지 그때마다 과자를 먹었기 때문이야. '심심한 기분'과 '달고 짜고 바삭한 먹거리'를 늘 묶어서 경험한 거지. 버튼을 누르면 과자가 튀어나오는 자동판매기처럼. 컴퓨터 게임을 시작하기도 전에, TV를 켜기도 전에 먼저 간식거리를 가지러 달려가는 이유도 똑같아. 사실 그 기분이나 느낌, 공부, 게임, TV는 과자와 아무런 상관도 없잖아. 극장에 들어서면 일단 팝콘과 콜라를 사는 것도 마찬가지야. '영화'와 '팝콘'이 한 쌍으로 붙어 버려서 팝콘 없이는 극장에 온 실감이 나지 않게 된 거지.

과자를 먹지 않고 TV를 보는 법

유명한 '파블로프의 개' 실험 이야기를 아니? 러시아의 이반 파블로프라는 과학자가 1902년에 한 가지 실험을 해. 개에게 먹이를 주기 전에 언제나 벨을 울려서 '벨 소리'와 '먹이'를 세트로 묶어 개의 머릿속에 습관으로 자리 잡게 하는 실험이었지. 그때까지 개에게 벨 소리는 아무런 의미도 없었어. 하지만 그 소리가 들리고 난 뒤에 먹이가 따라오는 경험이 몇 번이고 반복되다 보니까 갑자기 벨 소리가 '식사 시간'을 의미하게 되었지. 그래서 나중에는 음식을 주지 않아도 벨 소리만 들리면 개는 군침을 흘리게 되었어. 그걸 '조건화'라고 해. 아무리 엉뚱하고 상관없는 것들이라 해도 그 둘을 묶어서 여러 번 함께 경험하다 보면 자연스럽게 우리 뇌 속에 그 둘을 단단하게 연결시키는 끈이 만들어지는 현상을 말하지.

여기까지가 대부분 사람들이 알고 있는 파블로프의 개 실험 이야기야.

하지만 내가 너에게 들려주고 싶은 건 그 실험의 뒷부분이야. 그 부분은 알고 있는 사람이 거의 없지. 음식이 나오지 않는데도 벨 소리에 침을 흘리던 그 개가 그 뒤로 어떻게 되었는지 말이야. 파블로프는 벨 소리만 울리고 먹이는 주지 않는 실험을 계속했어. 개는 한동안 벨 소리가 울릴 때마다 침을 흘리다가 점점 '아, 이젠 저 벨 소리가 들려도 먹이는 나오지 않는구나!'라고 알아차리게 됐어. 이제 다시 그 개에게 벨 소리는 벨 소리일 뿐, 그 소리에 침을 흘릴 이유가 사라졌지. 개의 머릿속에서 연습으로 묶였던 끈이 이번엔 연습으로 풀린 거야.

너에게 이 이야기를 해 주고 싶었어. 파블로프의 개가 벨 소리를 음식과 떼어 냈던 것처럼 기분과 과자를 떼어 내야 해. 이게 반복, 습관의 힘이야.

'과자를 먹지 않고 심심한 시간을 보내는 법'을 연습해야 해. 과자를 먹지 않고 TV 보기를 한번 연습해 보렴. 그리고 과자를 먹고 싶은 마음이 사라지고 난 뒤에 진짜 사과를 먹고 싶은 마음이 들거든, 그때 사과를 꺼내야 해. 사각사각 상큼하게 씹히는 사과가 먹고 싶을 때 꺼내어 씻고 한 입씩 맛있게 사과를 먹고 나면 기분이 좋고 만족스러운 느낌이 들지. 먹고 싶을 때 먹고 싶은 걸 먹었기 때문이야.

책을 보면서 먹지 않기, TV를 보면서 먹지 않기, 딴생각에 열중하면서 기계처럼 씹어 삼키지 않기……. 이 모든 것이 결심으론 충분치 않고 연습이 필요해. 습관으로 묶인 끈이 느슨해질 때까지 꾸준히 연습하면 생각보다 빨리 그 둘을 떼어 낼 수 있단다.

참, 나도 몇 달 전에 커피를 끊었어. 20년 넘게 커피 중독자로 살아온 나로서는 굉장한 일이야. 왜 끊었느냐고? 너도 알다시피 나는 글을 쓰는 사람이잖니. 글을 쓰다 보면 생각만큼 잘 써지지가 않아서 답답할 때가 많아. 그럴 때마다 커피를 한 잔씩 마셨더니 그게 습관이 돼서 하루에 일곱 잔, 여덟 잔씩 마시게 되어 버렸거든. 아침의 처음 한 잔은 향긋한 커피 향을 즐기면서 마시지만 그 이후로 글을 쓰면서 습관적으로 벌컥벌컥 마시는 커피는 더 이상 향이나 맛으로 마시는 게 아니었어. 스스로에게 '정신 차려, 빨리 다음 문장을 써!' 라고 윽박지르는 용도였지.

하루 한두 잔의 커피는 정신을 맑게 하지만 서너 잔이 넘어가면 몸에 무리를 준단다. 여덟 잔의 커피를 마시고 나면 정신이 맑아지기는커녕 오히려 머리가 어질어질하고 속이 메스껍기 시작하지. 그런데도 나는 끊지 못하고 나도 모르게 계속 마시고 있었던 거야. 습관이 그렇게 무섭단다. 그래서 어느 날 곰곰이 생각해 봤어. '글이 잘 써지지 않을 때 커피를 마시지 않으려면 어떻게 해야 할까?' 커피 대신 다른 걸 마시는 건 답이 아닌 것 같았어. 그럼 또다시 다른 마실 것에 중독이 될 테니까. 그래서 결심했지. '글이 막힐 땐 책상에서 일어나서 방을 한 바퀴 돌아야겠다.'

그리고 바로 연습을 시작했단다. 물론 처음엔 쉽지 않았어. 글을 쓰다 말고 일어서서 방을 서성거린다는 게 좀 우습고 바보같이 느껴지기도 했지. 늘 하던 대로 그냥 커피를 한잔 마시고 싶은 마음이 너무 강해서 부엌까지 갔다가 다시 돌아오기도 여러 번 했어. 하지만 연습을 반복할수록 '커피'와 '글쓰기'의 연결 끈이 점점 느슨해지더니 이젠 그 둘이 따로 떨어져 원래의 자기 자리로 돌아갔단다. 그래서 커피는 이따금 친구들과 카페에서 만날 때 한 잔씩 마시는 음료일 뿐, 내 글쓰기와는 아무 상관 없어졌어.

행복한 식사의 3단계

무언가를 먹는 것은 몸과 친해질 수 있는 가장 좋은 기회야. 누군가와 친해지고 싶을 때도 우린 함께 뭘 나누어 먹거나 어딘가로 맛있는 걸 먹으러 가잖아. 음식은 축제에서 빼놓을 수 없는 주인공이지. 왜냐하면 음식은 우릴 행복하게 하거든. 좋은 기분으로 좋은 음식을 먹으면 우리 몸속에선 실제로 작은 파티가 벌어진단다. 입안에 맛있는 음식을 넣고 씹을 때, 어금니와 턱이 맞물리면서 우리 뇌는 행복 호르몬이라고 불리는 세로토닌을 분비해. 그게 파티의 첫 번째 코스야. 느긋하게, 천천히 음미하면서 씹을수록 더 많은 세로토닌이 나오고, 기분은 더 좋아지지.

꾸울꺽, 즐겁게 씹은 음식을 삼키면 식도를 통과해 위에 도착하고 위는 행복하게 그 음식을 주물럭거리면서 또다시 세로토닌을 분비한단다. 그게 행복 호르몬 파티의 두 번째 코스지. 이 첫 번째 코스와 두 번째 코스를 왕복하다 보면 뇌는 나른한 포만감을 느끼면서 만족스러운 미소를 짓게 돼.

'아아, 잘 먹었다. 멋진 식사였어.' 그러고는 기분 좋게 포크와 나이프를 내려놓지. 그게 파티의 세 번째이자 마지막 코스야.

이 세 번째 코스가 그 파티의 하이라이트야. 정말 가장 중요하단다. 마지막 코스를 제대로 즐기기 못하면 우리 뇌는 아무리 맛있는 음식을 많이 먹어도 늘 불만족스러운 기분에 빠지게 돼.

'무언가가 부족해. 난 왜 늘 이 모양인 거야. 아무도 날 좋아하지 않아…….'

그럼 어떻게 해야 먹을 때마다 마지막 코스를 빠뜨리지 않고 즐길 수 있을까? 그건 첫 번째 코스와 두 번째 코스에 집중하는 거야. 생각 없이 먹거나, 습관적으로 먹거나, 딴 데 정신을 판 채로 로봇처럼 씹어 삼키거나, 먹기 싫은 것을 억지로 먹게 되면 첫 번째 코스가 완전히 무시당한 채로 위에 음식물만 가득 차게 되지. 잔뜩 먹어서 배가 빵빵한데도 아직 뭔가가 부족한 느낌이 들어서 냉장고 문을 열었다 닫았다 할 때가 있지? 그건 세로토닌을 분비하고 느낄 겨를 없이 음식을 삼켰기 때문이야. 배는 부른데 마음은 허기진 상태로 남는 거지. 너도 알겠지만 그건 왠지 쓸쓸한 기분이란다.

"아, 잘 먹었다.
정말 맛있는 샌드위치였어!"

내가 서른세 살 무렵, 일본에 있었을 때의 이야기를 해 줄게.

나가노현의 어느 작은 도시에 강연 요청을 받고 다녀온 적이 있었어. '14세부터 19세까지의 여자 청소년들을 위한 병동에서 가벼운 운동법과 요가를 가르쳐 주었으면 좋겠다'는 요청이었어. 나는 늘 어린 학생들과 이야기하는 걸 즐겼으니까 기쁜 마음으로 그러겠다고 했지. 그런데 막상 도착해 보니 그곳은 내가 생각했던 보통 병동이 아니었어.

거식증, 폭식증 등 심각한 섭식 장애를 앓고 있는 여학생들을 위한 병동이었지. 그 당시 일본은 지나치다 싶을 정도로 앙상한 몸이 인기가 있었어. 배우도, 아이돌 가수도 다 큰 성인들이 초등학생 정도의 몸무게를 갖고 있다는 걸 TV에서 자랑스레 떠벌리던 시기였지. 그래서 특히 어린 여학생들이 그들을 모방하기 위해서 갖가지 극단적인 다이어트를 시도했어. 그중 대부분이 무턱대고 굶거나, 먹고 나서 토하거나, 물을 마시지 않은 채 사우나에서 미친 듯이 땀을 흘리거나 하는 아주 이상한 방법들이었지. 물론 한창 자라나는 시기의 몸이 음식을 먹지 않은 채 오래 버틸 수는 없으니까 며칠 굶고 나서는 폭식으로 이어지고, 그다음엔 그 죄책감으로 스스로를 미워한 나머지 우울증에 빠지고, 정상적인 생활을 할 수 없게 되어서 그 병원에 입원하게 된 거야.

아이들이 모여 있는 방에 들어서던 순간, 나는 가벼운 충격을 느꼈어. 모두 너무나 평범해 보였기 때문에. 보통 섭식 장애를 갖고 있다고 하면 나뭇가지처럼 깡마르거나 옷깃의 단추가 터져 나갈 듯이 뚱뚱한 사람들을 떠올리잖아. 하지만 서른 명 남짓한 여학생들은 마르지도 살찌지도 않은, 어디에서나 볼 수 있는 보통 여자아이의 몸을 하고 있었어. 지금의 너처럼 말이야.

다른 점이 있다면 얼굴 표정이었어. 열네 살, 열다섯 살, 열일곱 살, 열아홉 살…… 호기심과 장난기로 반짝반짝 빛나야 할 얼굴들이 녹슨 동전처럼 흐릿하고 멍했어. 재미라고는 단 한 번도 느껴 보지 못한 아이들만이 그런 표정을 지을 수 있을 거야.

그리고 자세. 등을 똑바로 세우고 반듯하게 앉아 있는 아이는 단 한 명도 없었어. 어쩌면 당연한 일이었지. 모든 것이 그토록 시들

하고, 재미없고, 피곤하고, 더군다나 자기 몸을 그렇게 미워하는데 그 마음이 몸으로 표현되지 않겠니? 다들 의자 위에 구겨진 빨랫감처럼 아무렇게나 널부러져 있었어. 척추는 삐딱하고, 어깨는 구부정하게 앞으로 쏠리고, 등에 힘이 들어가지 않아서 배가 불룩 나오고…… 음식과 친구가 되지 못하면 이렇게 몸과도 사이가 틀어진단다.

'맙소사, 이 아이들에게 필요한 건 요가가 아니라 먹는 즐거움이야!'

나는 머릿속이 하얘지는 것 같았지. 내가 준비해 간 요가 동작들이 하나도 쓸모없어졌으니까. 그래서 날 그 방으로 안내한 간호사에게 물었어.

"간식 시간이 언제인가요?"

간호사는 시계를 보더니 한 시간쯤 뒤라고 답했지. 나는 간식 시간을 조금 앞당길 수 있겠느냐고 물었어. 그녀는 고개를 갸우뚱했지만 곧 간식이 담긴 손수레를 밀고 와 주었지. 그날의 간식은 치즈와 달걀, 양상추가 들어간 샌드위치였어. 간호사는 아이들에게 하나씩 랩으로 싸인 샌드위치를 나누어 주고 내게도 하나 주었어. 그걸 받는 순간 아이들의 표정이란! 마치 털이 달린 커다란 거미를 받는 것처럼 눈살을 잔뜩 찌푸리는 아이가 있는가 하면, 겁에 질리는 아이도 있었어. 또 어떤 아이는 아예 그걸 받자마자 간호사 몰래 의자 밑에 밀어 넣어 버리기도 했지. 그래도 그중 괜찮은 한 아이는 마지 못해 랩을 벗기더니 샌드위치를 한 칸씩 분해하기 시작했어. 그리고 가운데에 들어 있는 양상추 이파리를 빼내어서 묻어 있는 마요네즈를 빵에 문질러 닦아 낸 뒤 입에 넣었지.

그 모습들을 보면서 나는 가만히 혼자 심호흡을 했어. 그리고 간절히 생각했단다. '이 아이들에게 맛있게 먹는 법을 가르쳐 주고 싶어. 먹는다는 게 얼마나 즐거운 일인지 보여 주고 싶어.'

나는 조심스럽게 샌드위치의 랩을 벗기는 것부터 시작했어. 그러고는 흐뭇한 미소를 지으며 흰 빵 사이사이 달걀과 치즈가 듬뿍 들어간 샌드위치를 요리조리 돌려 가며 바라봤지.

"아, 맛있겠다. 빵도 말랑말랑하게 갓 구워졌고, 마요네즈에 버무린 달걀도 어쩜 이렇게 색이 예쁠까! 양상추도 싱싱해서 씹으면 아삭아삭하겠는걸?"

쾌활한 목소리로 이렇게 말하자 아이들의 멍한 눈길이 일제히 내게 쏠렸어. 나는 주저 없이 샌드위치를 한 입 먹음직스럽게 베어 물었지. 샌드위치는 정말 맛있었어. 나는 눈을 지그시 감고 부드러운 빵과 아삭한 양배추와 말랑한 치즈와 고소한 달걀을 음미하면서 씹기 시작했어. 한 번 씹을 때마다 새로운 맛이 느껴지고 나는 점점 더 행복한 표정이 되었지. 천천히, 충분히 그 한 입을 즐긴 뒤 꿀꺽! 그 순간, 날 보던 아이들의 목에서도 꿀꺽, 무언가가 넘어가는 게 보였어. 바로 이거야! 나는 다시 한 입, 만족스러운 표정으로 베어 물고는 눈을 감았지. 행복하게, 즐겁게 샌드위치를 씹고 삼키는 동안 내 마음의 긴장도 스르륵 풀어지는 게 느껴졌어.

세 번째 베어 물었을 때 기적이 일어났어. 한 아이가 의자 밑에 밀어 두었던 샌드위치를 꺼내 나와 함께 먹기 시작한 거야. 나를 바라보며 내 리듬에 맞추어 천천히 베어 물고, 씹고, 삼키고…….

그리고 이내 두 명, 세 명, 다섯 명의 아이들이 우리의 샌드위치 파티에 끼어들더니 나중에는 몇몇 아이들만 빼고 거의 모두가 샌드위치를 손에 들고 나와 함께 한 입 가득 베어 물고 즐겁게 씹고, 행복하게 꿀꺽 삼키고 있었어. 그건 정말 아름다운 광경이었단다. 나는 눈물이 핑 돌았어. 보고 있던 간호사도 몰래 소매로 눈물을 찍어내는 게 보였지.

"아, 잘 먹었다. 정말 맛있는 샌드위치였어."

다 먹고 난 내가 만족스러운 미소를 지으며 이렇게 말하자 아이들도 그 말을 따라했지. 그중 한 아이가 울음을 터뜨리며 말했어.

"먹고 나서 이렇게 말해 본 거, 처음이에요."

세상에서
제일 맛있는 건 추억

나는 아직도 먹는 걸 아주 좋아해. 요즘 내가 가장 좋아하는 메뉴는 호박 스파게티란다. 애호박을 스파게티처럼 가늘게 썰어서 올리브오일, 바질 잎, 토마토소스와 함께 살짝 볶은 뒤 으깬 아몬드를 뿌려서 먹는 거야. 그것 말고도 세상엔 맛있는 것이 너무너무 많지. 안심해. 넌 커서 세계를 신나게 누비는 미식가가 되니까. 그 맛있는 음식들을 놓치고 살기엔 인생이 너무 아깝잖아, 안 그래? 인도에서 진짜 카레를 먹고, 이탈리아에서 서른여섯 가지 올리브를 맛보고, 캐나다의 바닷가에서 갓 잡아 올린 랍스터를 숯불에 구워 레몬을 뿌려서 먹게 될 거야. 생각만 해도 군침이 돌지 않니? 마음의 준비를 하고 있으렴. 다 앞으로 네게 일어날 일들이니까.

그런데 카레보다, 올리브보다, 랍스터보다 더 맛있는 게 뭔지 아니? 그것들을 먹는 '경험'이야. 음식은 경험이고 추억이란다. '무엇을 먹느냐'보다는 '어디서, 어떻게, 누구와 먹느냐'가 그 맛을 결정하거든.

그 경험을 제대로 맛보기 위해선 시간이 필요해. 한 입씩, 천천히 씹어서 소중하게 맛보는 거야. 아름다운 풍경을 보면 그곳에 오래 머무르고 싶고, 재미있는 책을 읽을 땐 책이 끝나 가는 게 아쉬워서 한 장씩 아껴 읽게 되잖니? 그것과 똑같은 거야.

난 네가 누구와 어디서 식사를 하게 되건 그중에서 제일 천천히 먹는 사람이 되면 좋겠어. 음식뿐만이 아니라 그곳의 풍경, 분위기 그리고 함께 먹는 사람들까지 즐기고 음미할 줄 아는 사람이 되면 좋겠어. 그러려면 먹는 동작은 슬로 모션이 될 수밖에 없어. 음식을 떠올릴 때면 그 모든 장면이 입체 화면처럼 떠올라서 너를 감쌀 수 있게 말이야. 그런 추억을 많이 가진 사람이 진짜 부유한 사람이란다.

내가 먹어 본 최고의 빵 이야기를 해 줄게.

인도 라자흐스탄의 사막을 여행할 때 일이야. 낙타 등에 타고 이틀 밤, 사흘 낮 동안 모래사막 위를 걷는 여행이었어. 낙타 다섯 마리와 관광객 다섯 명, 그리고 현지인 가이드 한 명과 그의 낙타가 우리 팀이었지. 그 가이드의 이름은 굽타였어. 굽타는 《알리바바와 40인의 도둑》에 나오는 도둑 우두머리처럼 턱수염이 북실북실하고 덩치 큰 아저씨였지. 그의 낙타까지 주인을 닮아 털이 수북이 나고 우람

했어. 굽타의 낙타가 그렇게 덩치가 커야 했던 이유는 따로 있었어. 이틀 동안 우리가 먹어야 할 식량, 밤에 치고 자야 할 텐트까지 모두 그 한 마리가 지고 날라야 했거든. 그 낙타에 비하면 내게 배정된 낙타는 꼬마처럼 보였지. 내 낙타는 덩치도 작고 키도 작고 얼굴도 굉장히 수줍음을 타는 것 같았어. 그리고 각설탕을 아주 좋아했지. 나는 내 낙타를 위해서 차 마시는 시간이 되면 설탕 단지에 들어 있는 각설탕을 몰래 한 줌 집어서 가방에 숨겼단다.

낙타를 타고 걷는 건 높은 흔들의자에 앉아서 파도를 타는 느낌이야. 터벅, 터벅, 터벅. 낙타가 긴 다리로 수북한 모래 위를 디딜 때마다 출렁출렁 등이 요란하게 흔들리거든. 그 위에 올라타고 한동안 가다 보면 어질어질하고 정신이 하나도 없지. 게다가 낙타 등은 굉장히 딱딱하다는 걸 아니? 물론 담요를 여러 장 덮어 깔고 앉긴 하지만 조금 시간이 지나면 어김없이 엉덩이가 아파 오기 시작해. 아니나 다를까, 출발한 지 한 시간 정도밖에 지나지 않았는데 사람들이 슬슬 불평하기 시작했어.

"엉덩이가 아픈데 담요를 더 깔아 주실 수 있나요?"

"속이 울렁거려요. 내려서 좀 쉬어야겠어요."

굽타는 낙타에서 내려서 사람들에게 담요를 더 깔아 주고 물병을 건네준 뒤 우리를 이렇게 달랬지.

"몸에서 힘을 빼고 먼 곳을 보세요. 낙타에서 떨어지지 않으려고 잔뜩 긴장하면 엉덩이에 힘이 들어가서 더 아프답니다. 낙타와 한 몸이 되었다고 생각하고 호흡을 맞추면 울렁거림이 사라져요. 조금만 더 힘을 내세요. 곧 익숙해질 거예요. 여기서 오랫동안 시간을 끌 수는 없어요. 해가 지기 전에 야영할 곳에 도착해야 하니까요."

우리는 굽타의 말대로 낙타 위에서 힘을 빼는 연습을 시작했어. 출렁, 출렁, 출렁. 낙타와 한 몸이 되었다고 생각하고 사막의 파도에 몸을 맡겼지. 그러자 기적이 일어났어. 정말 온몸의 긴장이 풀리면서 여유롭게 파도를 타기 시작한 거야. 사람들은 하나둘 꽉 움켜쥐고 있던 고삐를 내려놓고 낙타 등 위에서 편안한 표정을 지었어. 그 뒤론 시간이 물처럼 흘러갔지. 굽타와 그의 낙타는 묵묵히 앞에서 우리를 이끌고 우리는 아무런 불평 없이 그 뒤를 따라 걸었어.

그렇게 해 질 무렵 야영장에 도착했을 땐 너무나 그 출렁거리는 리듬에 익숙해진 나머지, 낙타 등에서 내리고 난 뒤에도 한참 동안 풍경도 흔들흔들, 발밑도 흔들흔들하는 바람에 애를 먹었어.

우리는 야영장의 모래 위에 텐트를 세웠어. 굽타는 벽돌로 화덕을 만들고 마른 낙타 똥을 주워다가 불을 피웠지. 해가 지면 사막의 기온은 절벽처럼 뚝 떨어진단다. 갑자기 추워져서 모두 담요를 뒤집어쓰고 불가로 더욱 바싹 가 앉았어. 우리는 불가에 동그랗게 모여 앉았어. 캐나다인, 남아프리카인, 러시아인, 스페인인 그리고 나. 그토록 다르게 생긴 사람들인데도 사막에서 한참 동안 흔들린 뒤 불가에 앉아서 보니 옆 모습이 모두 낙타를 닮아 보여서 난 몰래 웃었단다.

굽타는 거친 통밀가루에 우유를 붓고 손으로 반죽을 해서는 화덕에 올리고 호떡처럼 납작한 빵을 구웠지. 빵이 익기를 기다리면서 우리는 이런저런 이야기를 나눴어.

사막에서의 식사는 아주 조촐했어. 화덕에서 구운 통밀빵과 약간의 치즈, 그리고 물이 다였지. 하지만 누구 하나 불평하는 사람은 없었어. 불평은커녕 그 거칠고 납작한 빵 한 덩이씩을 끌어안고 어찌나 행복한 표정들이었는지! 나도 내 몫의 따뜻한 빵과 치즈를 받자 세상을 다 가진 기분이었어. 그와 동시에 피로가 파도처럼 몰려왔어. 나는 담요를 둘둘 말아 베개를 만들어 베고는 불가에 누웠지. 나를 따라 사람들이 줄줄이 빵을 가슴에 얹어 놓고는 하늘을 보고 누웠어. 사실 굉장히 고된 여행이었거든.

그 밤하늘을 네게 지금 보여 줄 수만 있다면!

아무도 말을 하지 않았어. 그 하늘이, 별들이 모든 말을 하고 있었으니까. 인간의 말은 너무나 서툰 것이라 꺼내는 순간, 그 순간의 마법을 깨뜨릴 것만 같았던 거야.

나는 기억해. 그 밤의 사막에 누워서 먹었던 통밀빵을. 따뜻하고 거친 빵의 온기가 훅 입안에 끼쳐 오던 순간을. 그리고 그 소박한 향기를. 천천히 입안에 든 빵을 씹으면서 눈 한가득 들어오는 별들의

오케스트라를 들었어. 그 빵에선 별의 맛이 났고 사막의 맛이 났지. 모래 언덕을 스치는 바람 소리, 피융! 피융! 하며 쏟아져 내리던 별들의 소리, 눈을 감고 조용히 풀을 씹던 내 낙타의 수줍은 얼굴, 타닥타닥 타들어 가는 화덕의 불, 묵묵히 빵을 구워 우리에게 자꾸만 가져다주던 굽타의 텁석부리 수염…… 그 모든 추억이 빵 한 덩이에 담겨 천천히 식도를 타고 내려가 내 몸의 일부가 되었지.

세라야, '먹는다'는 일은 그런 것이란다. 경험이고 추억이야. 소중히 음미할 가치가 있단다.

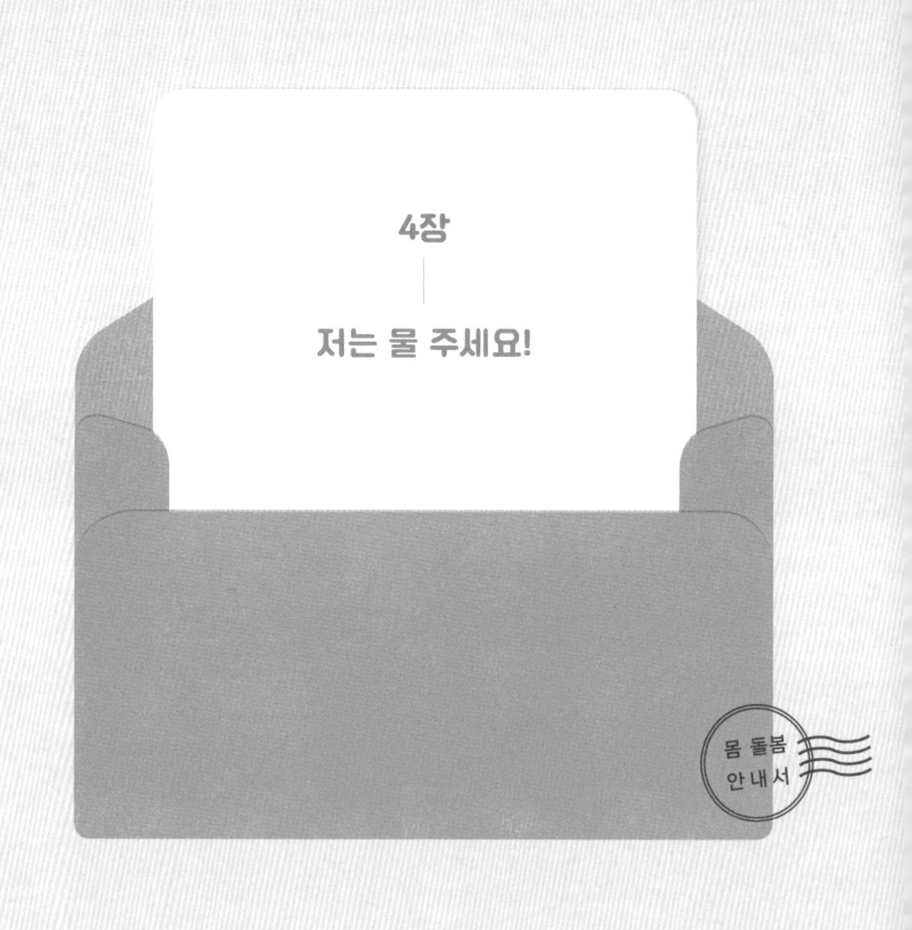

4장

저는 물 주세요!

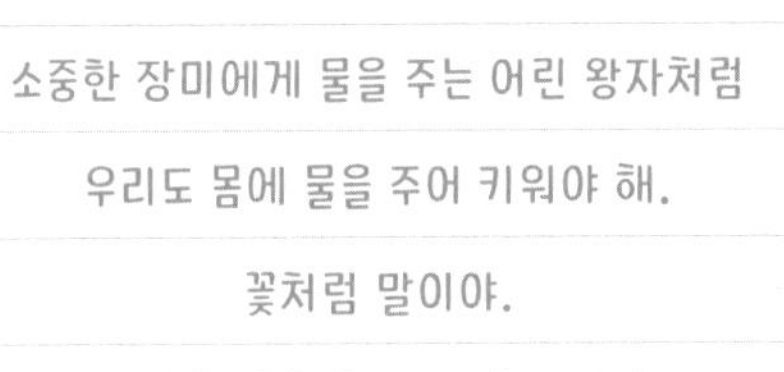

소중한 장미에게 물을 주는 어린 왕자처럼

우리도 몸에 물을 주어 키워야 해.

꽃처럼 말이야.

깨끗한 물을 한잔 마실 때마다

내 안의 꽃에 물을 주고 있다고 생각해 봐.

소중한 장미에 커피를 붓거나 콜라를 뿌리진 않겠지,

그렇지?

넌 지금 배가 고픈 게 아니라 목이 마른 거야

물은 최고의 음료수야. 난 네가 어딜 가든 물을 선택하는 사람이 되었으면 해. 너는 나중에 수많은 레스토랑, 카페, 축제, 파티에 가게 돼. 그때 웨이터가 "음료는 무엇으로 드릴까요?"라고 했을 때 주저 없이, 자동으로, 두 번 생각해 볼 필요도 없이 "물 주세요!"라고 하는 것이 습관이 되었으면 좋겠어.

이건 지금 당장 연습을 시작해야 해. 간식을 사러 매점에 갔을 때 샌드위치와 함께 콜라가 아닌 생수병을 집어 드는 연습. 친구 집에 놀러 갔을 때도 친구 어머니가 "마실 것 좀 줄까?" 하시면 "네, 물 주세요. 감사합니다."라고 공손히 답하는 연습.

커피나 차, 콜라, 주스로는 몸을 제대로 적셔 줄 수가 없어. 그런 것들은 오히려 몸 안에 든 수분을 빼앗기도 해. 술은 말할 것도 없고! 액체라고 해서 다 몸에 수분을 공급해 주는 건 아니란다. 오로지 아무것도 넣지 않은 물만이 해 줄 수 있는 일이 있지. 몸 안을 씻어내고 갈증을 가라앉히고 세포와 근육에 활기를 주는 것.

너도 알다시피 나는 비행기를 지하철보다 자주 타고 다니는 여행작가 아니니? 비행기 안에서 기내식을 받을 때 난 한 번도 물 아닌 다른 음료를 선택한 적이 없단다. 비행기 안은 굉장히 건조하거든.

사람들은 흔히 커피나 홍차, 아니면 와인을 주문해서 마시지. 하지만 사실 그건 비행 중엔 최악의 음료가 될 수 있어. 카페인 성분은 몸 안의 수분을 밖으로 내보내는 작용을 하기 때문에 마시면 마실수록 피부도 바작바작 건조해지고, 화장실에도 자주 들락거려야 하거든. 그래서 뭘 잔뜩 마셨는데도 더 목이 마르게 되지.

그럴 때 깨끗한 생수를 한 병 주문해서 한 모금씩 천천히 마셔 보면 깜짝 놀랄 만큼 갈증이 금방 가라앉는 걸 느끼게 돼.

네 번째 선물: 물병

나는 산책을 할 때는 물론이고 쇼핑을 하러 가거나 도서관에 갈 때도 꼭 작은 물병을 가방에 넣고 다녀. 우리 몸은 수분이 부족할 때 '피곤해'라는 신호를 보내거든. 그때 물을 꺼내서 한 모금 마셔 주면 다시 쌩쌩한 기분이 살아나.

우리 몸이 '졸려' '배고파' '짜증 나' '기운 없어'라고 말할 때 사실은 그게 '목이 말라'라는 뜻인 경우가 아주 많다는 사실, 알고 있었니? 아기가 울기 시작하면 엄마는 일단 우유를 먹여 보지? 그런 것과 똑같아. 특별한 이유 없이도 몸이 피곤하고, 의욕이 없고, 짜증이 나고, 뭔가를 먹고 싶다고 느낄 때 일단 물을 한 컵 마셔 봐. 졸림, 피곤, 짜증, 배고픔은 우리 몸에 수분이 부족할 때 느끼는 증상이니까.

특히 지금의 네 몸은 이제 막 피려 하는 꽃나무와 같기 때문에 물을 흠뻑 주어야 해. 보통 성인 몸의 75퍼센트가 물로 이루어져 있지만 어릴수록 더 많은 물을 품고 있어. 아기들을 보면 온몸이 터질 듯한 물풍선 같지? 눈동자도 촉촉하고 손톱까지 젖은 듯 팽팽하잖아. 지금의 네 몸도 어느 때보다 많은 물이 필요하단다. 최소한 하루에 머그컵으로 여덟 잔 정도의 물을 마셔 줘야 몸이 갈증을 느끼지 않고 마음껏 자라고 펼쳐지고 유연해질 수 있지. 머리카락이 반짝반짝 윤 나게 하고 피부를 촉촉하게 가꾸는 것도 샴푸나 로션이 아니라 바로 지금 네가 마시는 한 잔의 물이라는 사실을 기억하렴.

물병을 갖고 다니면서 틈틈이 마셔 주는 것은 아주 좋은 방법이야. 언제나 네 눈에 잘 띄고 손에 닿는 곳에 물이 있었으면 좋겠어.

물과 친해지면 좋은 일이 한두 가지가 아니야. 그중에서도 지금 네게 중요한 것 몇 개만 골라서 살펴볼까?

아까도 말했지만 몸에 물이 부족하면 가장 먼저 피곤하다는 느낌이 든단다. 만약에 수업 시간이 절반도 지나지 않았는데 머리가 멍하고 졸립고 피곤하다면 그건 몸 안에 물이 부족하다는 뜻이야. 또, 길을 걷다가 자꾸만 단것이 먹고 싶고 어딘가 앉고 싶다면 그것도 몸이 '목말라!'라고 외치고 있다는 신호야. 그때 사탕이나 초콜릿 대신 시원한 물을 한 컵 마시면 훨씬 빨리 기분도 몸도 싱싱해진단다. 물을 잘 마시지 않는 게 습관이 되면 피가 탁해져서 두통까지 생겨. 특히 우리 뇌는 활발하게 움직이기 위해서 아주 많은 양의 물이 필요해. 그래서 물이 조금만 부족해도 머리가 멍해지고 심하면 두통까지 생기는 거야. 그럴 때 가장 좋은 약은, 물론 물이야. 아스피린이나 두통약보다 훨씬 잘 듣지.

물은 우리 기분을 좋게 하는 가장 좋은 음료이기도 하단다. 쉽게 짜증이 나고 우울한 기분이 드는 것도 수분 부족 때문일 때가 많아. 물이 부족한 땅이 버석버석 마르는 것처럼 몸에 물이 부족하면 가장 먼저 기분이 메마르게 되거든.

별것 아닌 일에도 화가 나고 이유 없이 우울한 기분이 들거든 얼른 알아차려야 해. '아, 지금 내 몸이 물을 원하는구나.' 그리고 커다란 컵에 시원한 물을 따라 천천히 마시는 거야. 한꺼번에 벌컥벌컥 마시는 건 꽃나무에 양동이째 물을 붓는 것과 같아. 소중한 꽃나무에 물뿌리개로 정성스럽게 뿌리까지 잘 스며들도록 물을 주는 것처럼 물을 마실 땐 시간을 들여서 한 모금씩 몸을 부드럽게 적셔 준다는 느낌으로 마셔야 해.

이때 눈을 감고 마시면 더 좋아. 왜냐고? 눈도 함께 쉬어 주면 효과가 배가 되거든. 우리가 느끼는 스트레스의 많은 부분이 눈을 통해 들어와. 일단 '보게' 되면 그것에 마음을 빼앗기게 되고 신경을 쓰게 되지. 그리고 눈의 신경들은 뇌와 아주 촘촘하게 연결되어 있기 때문에 눈으로 무언가를 보고 있는 동안 뇌는 도저히 쉴 수가 없어.

이제부터 머리가 아파서 뇌에 물을 줄 땐, 눈도 감아 주기. 누군가가 낮잠을 잘 때 침실에 잠시 커튼을 쳐 주듯이 말이야. 몸을 위한 작은 배려지. 하지만 아주 상냥한 일이야. 몸은 분명 두고두고 고마워할 거야.

그리고 또 네가 좋아할 만한 소식은, 물을 많이 마시면 살이 빠지게 되어 있다는 점이야. 우리 뇌는 '목마름'과 '배고픔'을 구별하지 못한다는 사실을 알고 있니? 목마르면 뇌는 '배고파'라는 신호를 보낸단다. 그래서 배가 고프지 않은데도 무언가를 먹게 되어 있어. 하지만 항상 물을 충분히 마시는 습관이 있다면 우리 몸은 갈증을 느낄 틈이 없게 되고 자연히 가짜 배고픔을 느끼지도 않게 되지. 이제 왜 항상 물병을 들고 다녀야 하는지 알겠지?

모자를 잊지 마,
앨리스!

그래, 중학교 때 내 별명은 '까만 머리 앤'이었지. 하지만 학교를 졸업하고 여행을 시작하고 나서의 별명은 뭔지 아니? '파란 모자의 앨리스'야. 난 어딜 가든 챙 넓은 파란 모자를 쓰고 다니거든. 게다가 걸핏하면 이상한 나라의 앨리스처럼 공상에 빠지고, 때론 정말로 이상한 나라 속으로 뛰어들어 가 버리기 때문에 친구들이 붙여 준 별명이지. 잠깐만, 한번 세어 볼게. 지금 내가 갖고 있는 파란 모자만 스물일곱 개나 돼!

내 첫 번째 파란 모자는 몰디브에서 선물 받은 밀짚모자란다. 이제는 너무 낡고 빛이 바래서 거의 연한 하늘색으로 변해 버렸지만 난 이 모자를 아직도 소중히 간직하고 있어. 이제부터 내 별명이 '파란 모자의 앨리스'가 된 진짜 이유를 들려줄게.

 다섯 번째 선물: 파란 모자

난 그때 스쿠버다이빙에 푹 빠져 있었지. 맞아, 공기통을 등에 메고 호흡기를 입에 물고 보글보글 물방울을 뿜어내면서 바다 깊이 들어가는, 그 스쿠버다이빙 말이야. 네가 딱 10년 후에 탐험하게 될 깊은 바닷속 세상은 한번 경험하면 빠져나오기 힘들 정도로 아름답단다. 아! 꿈처럼 너울거리는 산호초와 그 안에 보석처럼 박혀 헤엄치는 영롱한 열대어들…….

그곳은 중력이 사라지고 부력의 지배를 받는 세상이야. 정말 이상한 나라지. 그래서 모든 것이 다르게 움직이고 다르게 보여. 깊은 물속에서 거북이는 토끼보다 빠르게 달린단다. 더 이상 우리가 아는 거북이가 아니야. '엉금엉금 기어가는 거북이'는 땅 위에만 존재할 뿐이야. 일단 바닷속 깊이 잠수해 들어온 거북이는 누구보다 우아하고 날렵하게 물살을 헤치고 달려 나간단다. 토끼 따위는 따라잡을 수조차 없을 만큼 빨라. 맨 처음 헤엄치는 거북이를 보던 날, 난 내 눈을 믿을 수 없었어. 거북이가 이토록 멋진 수영 선수였다니!

이따금 귀족적인 망토를 너울거리며 커다란 가오리가 구름처럼 내 머리 위로 지나가고, 수만 마리의 반짝이는 은멸치 떼가 은하수의 리본처럼 내 몸을 감싸고 빙빙 돌 때면 내가 알던 시간도 공간도 사라지고 내 몸도 한 마리 해파리가 된 것 같았지.

그곳은 정말 또 다른 은하계란다. 너는 지금 책 속에서 날아다니고 있지만 바닷속을 날아다녀 보면 시야가 확 넓어질 거야.

다른 세상의 매력에 홀딱 반한 나는 단 하루도 거르지 않고 아침 저녁으로 다이빙 보트에 올랐어. 다이빙 보트를 타고 바다 한가운데까지 나가는 것은 또 다른 즐거움이었지. 난 언제나 보트 지붕에 올라타고 몰디브의 태양을 온몸에 받으며 노래를 불렀어. 산타루치아, 오 솔레미오…… 태양 빛에 흠뻑 물든 나는 따뜻한 살구처럼 행복했지.

다이빙을 마치고 나면 우리 팀은 늘 작은 노천 식당에서 밥을 먹었어. 그 식당 앞엔 한 자그마한 아주머니가 좌판을 놓고 앉아 파인애플을 깎아 팔고 있었어. 다이빙을 막 마치고 나면 파인애플보다 맛있는 건 없거든. 그 앞을 지나는 다이버들은 누구나 파인애플을 사 먹지 않고는 견디지 못했기 때문에 아주머니는 장사가 아주 잘됐어. 나는 아침저녁으로 두 번씩이나 와서 파인애플을 사 먹는 단골이었기 때문에 아주머니는 금세 날 기억하고는 덤으로 한 조각씩 더 얹어 주곤 했지.

그렇게 다이빙에 빠져서 하루하루 보내던 어느 날이었어. 유난히 햇빛도 눈부시고 바다도 청명한 날이어서 최고의 다이빙을 즐긴 나는 콧노래를 부르며 파인애플 아주머니에게로 갔지.

"아주머니, 파인애플 제일 맛있는 부분으로 골라 주세요!"

아주머니는 봉투에 파인애플을 담다 말고 날 물끄러미 바라봤어.

"전부터 물어보고 싶었는데, 넌 어디서 왔니? 브라질? 쿠바?"

난 크게 웃음을 터뜨리고 말았지.

"하하하, 전 한국 사람이에요."

아주머니는 눈을 동그랗게 떴어.

"한국 사람이라고? 세상에, 이렇게 새까만데?"

그때 난 비로소 내 팔다리를 둘러봤어. 정말 쿠바인이라고 해도 믿을 만큼 짙은 갈색으로 타 있었지. 하지만 난 대수롭지 않게 웃어 넘겼어. 사실 볕에 그을린 내 피부가 자랑스럽기까지 했어. 그만큼 다이빙 보트 위에서 많은 노래를 불렀다는 뜻이고, 삶을 즐겼고, 다이빙을 많이 했다는 증거니까.

아주머니는 고개를 절래절래 흔들더니 파인애플을 깎으며 늘 쓰고 있던 모자를 벗어서 내 머리에 씌워 줬어.

"모자를 잊지 마. 햇빛은 피부 위엔 천사같이 느껴지지만 피부 속에 들어가면 악마로 변한단다."

그 아주머니가 씌워 준 밀짚모자가 지금은 색이 바랜 나의 첫 번째 파란 모자야. 그날 이후로 다이빙 보트에 오를 때면 나는 그 모자를 잊지 않았지.

여전히 보트를 타고 나갈 땐 뱃머리에 걸터앉거나 지붕에 올라가 노래를 불렀지만 난 그 아주머니의 말을 잊지 않고 꼭 그 파란 모자를 쓰고 있었어. 물속에 뛰어들기 직전에 벗어서 뱃머리에 걸어 두고는 물에서 나오자마자 다시 썼지. 파란 모자가 아직 뱃머리에 걸

려 있다는 건 내가 아직 물속에 있다는 뜻이었어.

물속에 들어갈 땐 보통 3~4명씩 팀을 이뤄서 함께 다이빙을 하지. 노련한 다이버인 리더가 한 명, 나 같은 초보 다이버가 두세 명. 그날 우리 팀의 리더는 프랑스인 피에르였어. 나와는 오랜 친구이기도 했지. 그때 나는 한창 다이빙에 물이 올라서 자신만만하던 참이었어. 그리고 그날따라 컨디션도 아주 좋아서 제일 먼저 바다에 뛰어들었지. 처음 한 10분 동안은 피에르를 따라 이리저리 산호의 숲도 구경하고 소라 껍질 속에 숨어 있는 꼬마 게에게 인사도 하면서 즐거운 시간을 보냈어. 그런데 어느 순간 반짝하고 바위틈에서 무언가가 빛나는 게 보였어. 저게 뭐지? 나는 좀 더 자세히 보려고 바위 쪽으로 잠수해 내려갔지. 빨간 산호로 뒤덮인 바위틈에서 무언가가 빛을 쏘아 대고 있었어.

"피에르, 여기 처음 보는 물고기가 있어!"

나는 그 신비한 생물체에서 눈을 떼지 않은 채 다이버들의 손짓 부호를 보냈지만 피에르는 보지 못한 것 같았어. 반짝이는 더듬이를 가진 그 물고기는 바위틈에서 나와 꼬리를 흔들었어. 마치 나에게 따라오라고 손짓하는 것 같았지. 앨리스가 뒤따라 갔던 하얀 토끼처럼 말이야. 나는 한참 동안이나 홀린 듯이 그 물고기를 따라가다가 문득 우리 팀이 생각났어. 화들짝 놀라 주위를 둘러보니 그곳엔 나 혼자밖에 없었어. 불을 밝혀 주던 그 물고기도 어디론가 사라지고 피에르도, 팀원들도 보이지 않았지. 나는 겁이 났어. 게다가 그곳은 갑자기 색깔이 모두 사라져 버린 것처럼 칙칙한 세상이었어. 산호도 잿빛이고 흐느적흐느적 움직이는 물고기, 뱀장어조차 어두운 그림자 같았지. 다들 어디로 가 버린 거야! 나는 울고 싶었어. 팀을 찾아 한참을 혼자 이리저리 헤엄쳤지만 점점 더 어둡고 깊은 물속으로만 빠져들 뿐이었지.

내가 마침내 우리 보트에 드리워진 밧줄 사다리를 잡고 올라왔을 때, 뱃머리에 몰려 있던 사람들이 일제히 안도의 탄성을 내지르는 소리가 들렸어.

"하아……!"

피에르는 내 파란 모자를 두 손으로 꽉 움켜쥐고 안절부절못하고 있다가 날 보더니 그 자리에 주저앉아 버렸지.

"도대체 어딜 갔었던 거야! 널 찾아 온 바다를 헤매고 다녔는데……."

나는 내가 보았던 반짝이는 물고기 이야기, 그 물고기를 따라갔다가 길을 잃고 잿빛 세상에 들어갔던 이야기를 했어. 이야기를 듣고 난 피에르는 더더욱 사색이 되었지.

"맙소사, 발광눈금돔(flashlight fish)을 따라갔었구나. 그건 아주 깊은 바다에 사는 심해어야. 수심 80미터가 넘어가면 햇빛이 희미해지기 때문에 스스로 불을 밝히지. 발광눈금돔 중엔 가끔 먹이를 찾아 얕은 물 위로 올라오는 녀석이 있거든. 네가 부디 80미터까진 내려가지 않았길 바라. 그렇게 깊은 곳까진 아직 나도 들어가 본 적이 없어."

날 둘러싸고 이야기를 듣던 우리 팀원들은 일제히 한 마디씩 나를 놀렸지.

"너는 바다의 토끼 굴에 빠졌던 거야."

"이상한 나라에 다녀온 소감이 어때, 앨리스? 모자 장수랑 카드의 여왕은 만났어?"

그 모자는 그 후로도 오랫동안 날 지켜 줬어. 인도의 구불구불한 골목들을 헤맬 때도, 일본의 롯폰기에서 쇼핑을 할 때도 항상 그 파인애플 아주머니를 떠올리면서 챙 넓은 그 파란 모자를 쓰고 다녔단다. 그때부터 어딜 가더라도 우연히 챙이 넓고 파란 모자가 눈에 띄면 하나씩 사서 모으기 시작했어. 그리고 파란 모자는 여행하는 나를 지켜 주는 수호천사가 되었지. 그 모자를, 지금 너에게 줄게.

자외선, 피부 위에선 천사 피부 속에선 악마

햇빛은 정말 아름답지. 모든 생명의 근원이기도 하고. 그 따뜻한 빛이 없으면 식물은 자랄 수 없고 사람은 물론 물고기까지도 시들시들 기운을 잃게 된단다. 햇빛 속의 비타민 D가 우리의 기분을 좋게 해 주고, 활기를 주고, 면역력을 높여 주고, 뼈와 혈관을 튼튼하게 해 주거든.

화사한 봄날, 햇빛을 받으면서 산책하면 왠지 기분이 좋아지지? 그게 비타민 D의 작용이야.

하지만 햇빛이 품고 있는 자외선이 자주, 많이 피부 속으로 파고들면 아주 심술 궂게 군단다. 자외선에는 두 가지 종류가 있어. 긴 파장을 가진 A파와 짧은 파장을 가진 B파. A파는 피부에 주름을 지게 하고 뻣뻣하게 만들어. 한마디로 늙게 만드는 거지. B파는 피부에 화상을 입히는 파장이야. 햇빛을 오래 받거나 바닷가에 놀러 가면 피부가 빨갛게 부어올랐다가 거뭇거뭇 하게 타지? B파를 많이 받은 피부는 색만 검게 그으르는 것이 아니라 주근깨, 잡티도 잘 생기게 된단다. 내가 좀 더 일찍, 유치원에 다닐 때부터 모자 쓰는 버릇을 들였더라면 지금 네 별명이 '까만 머리 앤'이 아니었을 텐데…….

세라야, 모자를 잊지 마. 꽃에 물을 주는 것도 중요하지만 쨍쨍 내리쬐는 햇빛으로부터 보호해 주는 것도 중요하니까. 모자만큼 확실하게 자외선을 가려 주는 것은 없단다.

너는 외모에 관심이 많고 예뻐 보이고 싶어 하잖아. 지금은 피부 세포가 어리고 싱싱하기 때문에 아무리 햇빛을 많이 받아도 빨갛게 달아올랐다가 가라앉을 뿐 큰 변화를 못 느끼겠지만 피부는 자외선의 기억을 잊지 않는단다. 스무 살이 지나고 서른 살이 될 무렵이면 10대 때부터 모자를 쓴 사람과 모자를 쓰지 않은 사람의 피부는 한눈에 알아볼 수 있을 만큼 달라.

자외선을 피부 속의 악마라고 부르는 이유는 주름이나 주근깨보다 훨씬 더 심각한 문제를 일으키기 때문이야. 자외선의 영향은 피부 속에 차곡차곡 쌓인단다. 그래서 시간이 흐르면 돌이킬 수 없는 피부 질환을 일으킬 수 있어.

내가 너에게 피부를 이렇게 강조하는 건 미용 때문만은 아니란다.

피부가 우리가 건강하고 행복하게 지내는 데 아주 중요한 역할을 하기 때문이야.

피부는 우리 몸의 가장 큰 신체 기관이라는 사실을 알고 있니? 그냥 몸을 감싸고 있는 포장이 아니라 심장이나 폐처럼 복잡한 구조를 갖고 있고 많은 기능을 수행하고 있는 곳이야. 표피, 진피, 피하 지방층으로 층층이 정교하게 쌓여 있는 피부 속에는 땀샘, 혈관, 세포, 신경 들이 촘촘히 모여서 우리를 자외선, 바람, 오염 물질 등으로부터 보호해 주고, 체온을 조절해 주고, 영양을 공급해 주고, 면역력을 길러 주지. 심장은 느슨하게 쥔 주먹만 하고, 간은 럭비공만 하지만 피부는 네 몸 전체를 감쌀 만큼 커. 그리고 그 무게는 체중의 10퍼센트나 차지한단다. 지금 네 몸무게에서 4.2킬로그램은 피부의 무게야. 우리가 몸을 이야기할 때 근육, 뼈, 심장, 위, 폐, 대장과 소장에 집중하느라고 놓치는 것이 바로 피부란다. 하지만 우리가 갖고 있는 가장 크고 넓고, 어쩌면 가장 중요할 수 있는 신체 기관이라는 점을 네가 꼭 기억했으면 해. 밖으로 드러나 있기 때문에 다치기도 쉽고 무심하기도 쉽지. 그래서 피부는 눈동자처럼 소중하게 다뤄야 해.

이제 집 밖으로 나갈 땐 꼭 물병과 모자를 챙겨. 약속할 수 있지?

잠을 줄이다니,
말도 안 돼!

어느 날, 네게 답장을 쓰다가 궁금한 게 생겨서 나와 아주 친한 의사 친구에게 물었단다.

"열다섯 살 여자아이에게 스스로를 잘 돌보는 법을 이야기해 주고 싶은데, 어떤 말을 해 줘야 할까?"

그 친구는 두 번 생각해 보지도 않고 잘라 말했어.

"잠을 충분히 자라고 해 줘! 제대로, 깊이 자는 법을 익히라고 말이야. 행복하고 활기찬 어른이 되기 위해 지금 그것보다 중요한 건 없어."

가정 의학과 전문의로 오랫동안 일해 온 그 친구는 네 또래 아이들에게서 의외로 수면 장애가 자주 일어난다고 걱정스레 이야기했단다. 특히 요즘엔 스마트폰이 한시도 눈앞을 떠나지 않게 되면서 뇌파가 안정되고 휴식을 취할 수 있는 시간이 점점 짧아지고 있다고 말이야. 그래서 침대에 누워 있는 시간은 충분할지 몰라도 실제로 뇌가 깊은 잠을 자는 시간은 놀랄 만큼 짧다는 거야.

"잠을 줄여 가면서까지 해야 하는 일이라면, 난 의사로서 진지하게 하지 말라고 권하겠어. 낮 시간 동안 낭비되는 시간을 줄이는 게 훨씬 현명하지. 아직까지 만나 보진 못했지만, 만약에 정말로 줄일 시간이 전혀 없는 사람이 있다면, 차라리 식사 시간을 줄이거나 운동 시간을 줄이라고 할 거야. 잠을 희생하는 건 그만큼 바보 같은 짓이야."

그는 지금껏 잠보다 더 좋은 약은 개발된 적이 없다고 단언했어.

"잠을 자는 동안 우리 몸은 자동차가 정비소에 들어가는 것처럼 종합 검진을 받게 된다고 생각하면 돼. 뭉친 곳은 풀어 주고, 막힌 곳은 열어 주고, 염증을 치료해 주고, 체온도 조절해 주고, 약해진 곳엔 영양을 보내 주는 일들이 다 자는 동안에 일어나. 그래서 의사들도 약을 처방해 준 후에 '이 약을 드시고 푹 주무신 다음에 결과를 보죠.'라고 말하는 거야."

나는 다시 물었어.

"하지만 병도 없고, 체온도 정상이고, 밤 늦게까지 깨어 있어도 별 문제를 느끼지 않는 건강한 열다섯 살 중학생에겐 어떤 말을 해 줘야 할까?"

그는 눈을 동그랗게 뜨고는 힘주어 말했어.

"열다섯, 열여섯에겐 더더욱 잠이 중요하지. 성장 호르몬도 깊은 잠을 자는 동안 만들어지니까! 키가 크고 싶고 날씬해지고 싶거든 잠에 신경 쓰라고 꼭 전해 줘. 지금부터 2, 3년이 키가 클 수 있는 마지막 기회라고 말이야. 머리를 쓰는 학생들은 특히 더 질 좋은 잠을 충분히 자야 해. 그건 뇌가 낮 동안에 받아들인 정보들을 소화하고 흡수하는 시간이거든. 잠자는 시간이 부실하거나 방해를 받으면 애써 공부한 지식들이 제자리를 찾지 못해."

그의 말에 따르면 지금 네 나이 또래의 학생들에겐 하루 여덟 시간의 잠이 필요하다고 해. 그것도 침대에 누워 있는 시간이 아니라 실제로 잠을 자는 시간 말이야. 열다섯 살의 뇌 세포는 키보다 더 쑥쑥 자라거든.

지금 청소년기에 깊은 잠을 충분히 자는 건 네가 몸에게 줄 수 있는 가장 큰 선물이 될 수 있어. 그 어떤 보약이나 운동보다도. 그리고 그렇게 제대로 몸과 마음을 쉬게 하는 생활 습관을 몸에 붙여 놓으면 어른이 되어서도 사는 게 훨씬 쉬워진단다. 제대로 쉴 줄 모르는 사람들은 항상 몸이 피곤하기 때문에 의욕도 없고 성격도 까칠해지거든. 반대로 늘 활기가 넘치고 긍정적인 사람을 보면 틀림없이 잠을 깊게, 잘 자는 사람일 거야. 너도 시험이 끝난 주말, 오랜만에 푹 자고 일어나면 온몸이 상쾌하고 기분이 좋지?

매일 아침을 그렇게 시작할 수 있다면 얼마나 좋을까?

여섯 번째 선물: 베개

세라야, 너는 아침에 자명종이 울리는 소리를 제일 싫어하지? 두 번, 세 번 알람을 꺼 가면서 더 자려고 하다가 결국 늦어서 허둥지둥 아침도 거르고 학교에 가기 일쑤고……. 그래, 나도 네 생각과 같아. 학교 수업의 1교시는 우리처럼 아침잠이 많은 사람들에겐 너무 일찍 시작해. 하지만 우리 때문에 수업 시간을 옮길 순 없을 테니 어떻게 하면 수업에 늦지 않고도 잠을 충분히 잘 수 있을까?

작은 것부터 습관을 바꿔야 해. 만약 네 알람 시계가 아침 7시에 맞춰져 있다면 늦어도 밤 11시부터는 잠을 잘 수 있어야겠지? 그러려면 10시 30분쯤에는 몸이 이미 '잠들 수 있는 상태'여야 해. 잠들 수 있는 상태의 몸이란 편안하게 긴장이 풀어진 몸을 말해. 꼭 졸립다고 느낄 필요는 없어. 책을 읽고 있거나 공부를 하고 있을 때라도 몸은 긴장을 풀 수 있거든.

특히 뇌에게 '이제 곧 잠자리에 들거야.'라는 신호를 보내는 게 중요해. 불을 다 끄고 이불 속에 누워도 오히려 정신이 말똥말똥해지는 밤이 있지? 그건 뇌가 잘 준비가 되지 않아서 그런 거야. '지금은 잠을 자고 있을 때가 아니야. 빨리 이 급한 일들을 해결해야지!'라고 뇌가 발을 동동 구르고 있는 거지. 그런 뇌를 진정시키려면 침대 맡에 작은 노트와 펜을 두는 것도 도움이 돼. 그리고 지금 가장 신경 쓰이는 일들을 하나씩 노트에 적어 봐. 번호를 매겨도 좋아. 그렇게 종이 위에 적어 놓으면 뇌는 일단 안심을 하지. 최소한 잊어버리지는 않을 테니까. 메모를 하고 난 뒤 뇌에게 말해 줘.

'난 해야 할 일들을 알고 있어. 그러니까 마음을 놓아도 돼. 잠을 푹 자고 나서 맑은 머리로 하나씩 해결하자.'

뇌에 잘 시간이라는 신호를 보내는 또 한 가지 좋은 방법은 전자기기들을 끄는 거야.

9시부터는 TV, 컴퓨터, 스마트폰처럼 파란 빛(블루 라이트)을 내보내는 것은 전부 꺼 보렴. 우리는 몸속에 시계를 갖고 있어. 그걸 '생체 시계'라고 불러. 굳이 시계를 보지 않아도 때가 되면 배가 고프고, 졸립고, 아침에 눈이 떠지는 게 바로 이 생체 시계를 갖고 있기 때문이란다. 그런데 그 시계는 자연의 흐름에 맞춰 움직이도록 설계되어 있어. 해가 뜨고 해가 지는 것이 그중 가장 큰 흐름이지. 우리 뇌는 햇빛의 강도에 맞추어 멜라토닌이라는 수면 호르몬을 분비해서 때가 되면 온몸에 졸립다는 신호를 보내고 또 일정 시간이 지나면 몸도 마음도 깨어나서 활동하게 해 주거든. 그런데 현대인들이 좋아하는 작은 전자 화면들은 블루 라이트라는 가짜 햇빛을 뿜어내서 우리 생체 시계를 어리둥절하게 만든단다. 늘 빛에 노출된 우리 뇌가 언제 멜라토닌을 분비해야 하는지 혼란스러워하는 거지.

지난 봄, '자연과 함께하는 요가 캠프'에 참가한 적이 있단다. 2주 동안 숲속의 통나무 집에서 지내면서 사람들과 함께 요가하고 산책하고 명상하는 프로그램이었어. 그 캠프의 가장 큰 특징은, 정말 철저하게 자연 속에서 구석기 시대 사람처럼 지내 보는 거야. 말 그대로 숲 한가운데에 통나무집이 옹기종기 모여 있는 곳이라 인터넷이 되지 않는 건 물론이고 전기조차 들어오지 않았어. 촛불이나 전등도 없이 지내야 했다면 믿겠니? 우리가 의지할 수 있는 빛은 오로지 태양 빛뿐이었어.

모닝 커피도 없고, 야생 딸기에 산양 젖을 부은 게 우리의 아침 식사였지. 첫날 아침의 충격이란! 하지만 진짜 충격은 해가 진 뒤 찾아왔어. 노을이 질 무렵 다 함께 오솔길을 산책하고 돌아온 것까지는 좋았는데 내 방에 들어와 책을 좀 읽으려는 순간, 까만 망토 같은 어둠이 통나무 집을 온통 감싸 버린 거야. 그렇게 완전한 어둠은 경험해 본 적이 없었어. 내가 눈을 감고 있는지 뜨고 있는지조차 분간할 수 없었는걸. 나는 당황해서 옆 방으로 통하는 벽을 두드렸어. 그리고 통나무 틈새로 말했지.

"너무 캄캄해요! 아무것도 볼 수가 없어요."

옆 방에서 웃음기를 머금은 차분한 목소리가 대답했어.

"조금만 기다리면 달이 떠요. 하지만 지금이 가장 멋진 순간이랍니다. 이 완벽한 어둠! 이걸 경험하기 위해서 저는 매년 이 캠프에 참가하고 있는걸요."

그 말을 듣고 나니 조금 마음이 편안해졌지. '그래, 도시에 살면 느낄 수 없는 이 어둠을 즐겨 봐야겠다.'

나는 어둠 속에서 이리저리 서성거려 보고 바닥에 앉아 보고 반듯하게 누워 보기도 했어. 정말 새로운 경험이었지. 그리고 얼마 지나지 않아서 옆 방 사람의 말처럼 달빛이 창문으로 새어 들어오기 시작했어. 그리고 난 또 놀랐지. 달빛이 얼마나 밝은지! 완벽한 어둠에 그새 익숙해진 눈은 부드러운 달빛으로도 모든 것을 또렷하게 볼 수 있었어. 탁자 위의 내 가방도, 통나무의 무늬도, 심지어 책조차 읽을 수 있을 것 같았지.

그렇게 이틀이 지나고 사흘이 지날 무렵, 내 몸 안의 생체 시계는 완벽하게 태양의 주기에 맞춰졌어. 창문에는 커튼도 없었기 때문에 아침에 해가 뜨면 눈부신 아침 볕이 고스란히 방 안으로 쏟아져 들어왔지. 그리고 나는 나팔꽃처럼 기지개를 활짝 펴고 일어났어. 그때만큼 마음이 가뿐하고 몸이 싱싱하게 느껴진 아침은 없었단다.

그 2주 동안 나는 '잠의 힘'을 느꼈어. 가짜 햇빛에 방해받지 않고 깊은 잠을 자는 것이 우리 몸을 얼마나 기쁘게 하는지 말이야. 그리고 숲속에서 도시로 돌아와서도 그런 잠을 잘 수 있는 방법이 없을까 궁리하게 됐지.

가장 좋은 건, 해가 지면 블루 라이트가 나오는 것들도 함께 끄는 거야. 그리고 오락거리가 필요할 땐 책이나 잡지를 보는 거지. 만약에 그게 불가능하다면 늦어도 밤 9시에는 몸을 위해서 과감히 TV, 컴퓨터, 스마트폰 등을 꺼 주기! 그리고 굿나잇.

5장

나는 내 거야

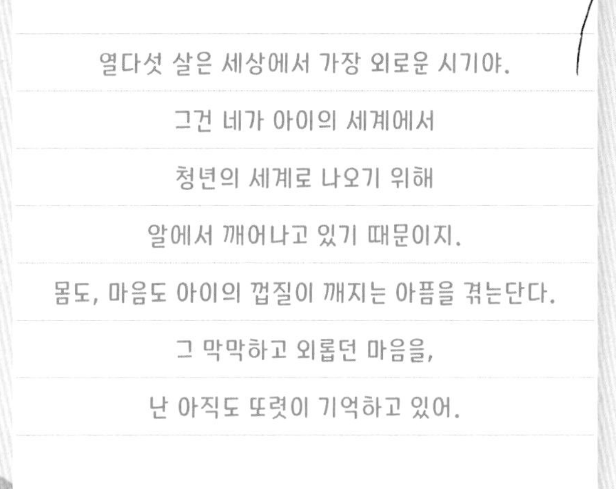

열다섯 살은 세상에서 가장 외로운 시기야.
그건 네가 아이의 세계에서
청년의 세계로 나오기 위해
알에서 깨어나고 있기 때문이지.
몸도, 마음도 아이의 껍질이 깨지는 아픔을 겪는단다.
그 막막하고 외롭던 마음을,
난 아직도 또렷이 기억하고 있어.

너는 이미 필요한 걸 모두 가졌어, '나'를 갖고 있잖아

'나'는 내 거야. 그러니까 세라야, 너는 네 거야! 너만이 널 가질 수 있어.

너의 몸, 너의 생각, 너의 성격, 너의 기분, 너의 시간, 너의 꿈…… 그 어느 것 하나도 다른 사람은 가질 수도, 건드릴 수도 없는 너만의 영역이야. 네가 그걸 틈날 때마다 기억하고 단 한 순간도 잊지 않았으면 해. 그게 왜 그렇게 중요하냐고?

그걸 확실히 알게 되면 마음 깊은 곳에 힘이 생겨. 나는 그 힘을 '자존감'이라고 부른단다. 자존심이랑 같은 거 아니냐고? 아니, 그 둘은 달라.

자존심은 다른 사람이 쉽게 건드릴 수도 있고, 상처를 줄 수도 있어.

"그 친구가 내 자존심을 건드렸어." 혹은 "에잇, 자존심 상해!"라고들 말하잖아. 자존심은 날달걀처럼 아주 연약하지. 누가 모르고 툭 치고 지나가기만 해도 금이 가거든. 그래서 모두들 그걸 건드리지 않으려고 서로 눈치를 보면서 살금살금 지내.

자존감이 약한 사람은 그 대신 자존심만 터무니없이 부풀어 오르게 되지. 팽팽하게 부풀어 오른 풍선이 터지기 쉬운 것처럼, 알맹이 없는 자존심만큼 건드리기 쉬운 것도 없단다. 그런 사람은 걸핏하면 자존심이 상해서 화를 내고 우울해하곤 해. 아무런 악의 없이 던진 말, 농담으로 한 말에도 "왜 내 자존심을 건드려?" 하면서 버럭 화를 내는 친구들이 있지? 자존감이 약해서 그런 거야. 다른 사람이 그렇게 쉽게 건드리고, 상하게 하고, 짓밟을 수 있는 거라면 진짜 내 것이라고 할 수 있을까?

하지만 자존감은 누가 건드리거나 상하게 할 수가 없어. 심지어 다른 사람 눈엔 보이지도 않아. 느낄 수도 없지. 그건 오로지 나만이 아는, '나'의 가치니까.

그래서 자존감이 강한 사람은 느긋하고 여유가 있어. 누가 무슨 말을 해도 내 가치를 의심하지 않아. 누가 조금 앞서간다고 해서 조바심을 내고 스스로를 달달 볶지도 않지. 넌 이미 필요한 걸 모두 가졌어. '나'를 갖고 있잖아.

앞으로 누군가가 “그건 너답지 않아.” 혹은 “너답지 않게 왜 그래?”라고 말한다면 그냥 웃어넘겨. 그리고 마음속으로 말해 주렴.

‘나다운 건 내가 결정해. 그리고 바로 이 모습이 지금의 나야.’

다른 사람이 기억하고 있는 ‘너’의 이미지에 맞추기 위해서 애쓸 필요가 없어. 다른 사람이 기대하는 ‘너’처럼 행동하기 위해서 지금의 네 기분을 무시할 필요도 없고. 너는 너인 채로 가치 있고, 사랑받을 이유가 충분하단다.

피터 팬이 하는 말

몸은 움직이는 마음이란다. 그래서 몸 사용법은 마음 사용법과 같아. 몸을 이야기할 때 마음을 빼놓고선 절대로 이야기할 수 없어. 만약 누군가가 마음을 무시한 채 몸에 관해서만 이야기한다면 귀담아 듣지 않아도 좋아. 또 만약 누군가가 중요한 건 오로지 마음이지 몸이 아니라고 말한다면 그것도 반만 알고 하는 말이니 반은 흘려들어도 돼. 마음이 시무룩할 땐 몸도 시무룩해지고 몸이 신이 나서 뛰어오를 땐 마음도 덩달아 신이 나게 되는데 어떻게 그 둘을 따로 이야기할 수 있겠니?

네가 지금 어떻게 움직이고 있는지, 몸으로 무얼 하고 있는지를 보면 네 마음을 읽을 수가 있어. 다른 친구들을 봐도 그 아이가 안절부절못하고 있는지, 자신만만한지, 눈치를 살피고 있는 건지 딱 보면 알 수 있잖아. 굳이 물어볼 필요도 없지.

또, 몸은 마음만큼이나 우리 기분을 느낀단다. 아니, 때로는 마음이 느끼기도 전에 먼저 몸이 깜짝 놀라거나 뛰어오르기도 하는걸. 보통 충격을 받았을 때 '가슴이 철렁한다'고 얘기하잖아. 나는 불안하고 긴장될 때 '배가 출렁하는 느낌'이 들어. 배속이 휘저어지는 느낌이랄까? 창피할 땐 얼굴로 피가 확 쏠리면서 화끈화끈 열이 나지. 롤러코스터를 탈 땐 손발이 저릿저릿해지고. 기쁜 소식을 들었을 땐 가슴이 부풀어 올라. 너무 화가 날 땐 손이 부들부들 떨리지. 거짓말을 하려고 하면 눈동자가 엉뚱한 곳을 바라보게 되고…….

그게 우리 몸이 감정을 느끼는 방식이야.

몸을 가볍게 하기 위해서는 마음을 가볍게 하는 게 가장 좋은 방법이란다. 우리의 기분은 정말로 무게를 갖고 있거든. 생각할 것이 너무 많으면 머리가 무겁지? 하고 싶지 않은 일을 해야 할 땐 손발이 무겁고. 우리 몸을 무겁게 하는 감정의 돌멩이들은 여러 가지가 있어. 짜증, 심술, 질투, 우울, 슬픔, 두려움, 불안…… 그중에서도 제일 무거운 돌멩이가 뭔지 아니? '미움'이란다.

친구들 중에는 네가 좋아하는 아이도 있고 별로 좋아하지 않는 아이도 있을 거야. 선생님들 중에도 네가 특히 좋아하는 선생님이 있지 않니? 어른이 되면 지금보다 훨씬 더 많은 사람들을 만나고 그들과 관계를 맺어야 한단다. 그건 네가 선택할 수 있는 문제가 아니야.

살아간다는 건 사람들 속에 섞인다는 뜻이거든. 네가 방 안에 혼자 있을 때에도 너는 누군가와 연결되어 있다는 걸 기억하렴. 반드시 누군가는 너를 생각하고 있고 너도 누군가를 기억하고 떠올리면서 서로 마음을 주고받으면서 살고 있는 거야.

그래, 때로는 사람들이 네게 서운한 말을 할 때도 있고 네 기분을 상하게 할 때도 있을 거야. 혹은 이유 없이 눈에 거슬리는 사람도 있어. 나쁜 사람은 아닌데 나와 마음이 맞지 않아서 사사건건 부딪히는 사람도 있고.

그래도 그 사람을 미워하는 건 어리석은 일이야. 왜냐고? '미움'은 그 사람이 아니라 널 밉게 만들거든!

아까 했던 말 기억하지? 감정의 돌멩이 중 제일 무거운 게 미움이라는 말. 누군가를 미워하기 시작하면 우람한 곰 한 마리가 냉큼 우리 어깨 위에 올라타고 누르기 시작해. 그 무게를 견디느라고 우리는 어깨를 잔뜩 웅크리게 되고, 고개를 숙이고서 땅만 보고 걷게 되지. 곰을 어깨에 올린 채 낑낑거리며 걷고 있는 사람을 떠올려 보렴. '미움 곰'은 너무 무겁기 때문에 다른 걸 생각할 겨를이 없어. 누굴 미워하면서 좋은 계획을 세우거나, 그 계획을 실천하거나, 신나는 일들을 떠올릴 수 있을까?

자세도 굽어지고, 시야도 좁아지고, 생각도 온통 그 사람을 미워하는 데 집중하다 보니 표정도 일그러지고…… 무엇보다 미움에 마음을 빼앗겨 버리면 너 스스로를 잃어버리게 돼. 미움은 정말 에너지가 많이 드는 감정이거든.

에이브러햄 링컨이 말했지. '나이 마흔이 넘으면 얼굴에 책임을 져야 한다.'고. 미운 사람이 많고, 그들을 미워하느라고 많은 시간과 힘을 써 버린 사람의 얼굴은 아름다울 수 없을 거야. 몸도 분명 미운 나무처럼 휘어져 있을 테고.

그럼 누군가가 견딜 수 없이 미울 땐 어떻게 하느냐고?

음…… 그 사람을 좋아하려고 애쓸 필요는 없어. 싫은 건 싫은 거니까. 하지만 내 얼굴과 몸에 미운 표정이 박힐 만큼 미워할 가치가 있는 사람일까 한번 생각해 보는 건 좋겠지. 심리 상담사인 한 친구가 이런 말을 해 준 적이 있어.

"누군가를 미워하고 악담을 퍼붓는 것은, 쥐가 싫다고 내가 쥐약을 마시고선 쥐가 죽기를 기다리는 것과 같아. 그 미움과 악담은 나를 약하게 만들 뿐, 내가 미워하는 사람은 멀쩡하거든."

나는 이제 누군가가 미워지면 스스로에게 물어봐. 내가 혹시 쥐약을 마시려고 하고 있는 건 아닐까? 그 사람이 네가 미워할 만한 가치가 있는 사람이니? 그렇게 생각해 보면 소중한 나의 마음 에너지와 몸 에너지를 써 가면서 미워해야 할 만큼 미운 사람은 거의 없었어.

세라야, 우리가 어릴 때 좋아하던 동화책 《피터 팬》을 기억하지? 우린 주인공인 피터 팬보다 여자아이 웬디와 커다란 개 나나를 더 좋아했잖아. 처음으로 피터 팬이 웬디의 창문으로 날아들어 오던 날, 웬디는 피터 팬에게 어떻게 하면 날 수 있느냐고 묻지. 그때 피터 팬이 이렇게 말을 해.

“날 듯이 즐거웠던 기억을 떠올려 봐, 그럼 날 수 있어!”

나는 아직도 피터 팬이 한 말을 내 맘속에 소중히 품고 다닌단다. 그리고 우울한 기분이 들거나 괜히 마음이 무거워질 때마다 그 말을 꺼내 봐. 기분이 무거울 때 내 몸은 딱딱하고 짧게 움츠러들어서 호수에 던져진 돌멩이처럼 물속으로 점점 가라앉고 말거든. 그럴 때 재빨리 즐거웠던 기억, 몸이 솟구쳐 오를 만큼 기뻤던 순간들을 생각하면 내 몸은 다시 날개를 펴. 가볍게 부웅 떠오르면서 다시 어딘가로 가고 싶고 무언가를 하고 싶어진단다.

너, 아직도 여기 있었니?

우리 몸은 자라나고, 움츠러들고, 늘어나면서 끊임없이 변해. 성격도 바뀌고 좋아하는 것들도 바뀌지. 나는 지금의 너와 아주 달라. 만약에 우리가 길을 가다 서로를 마주친다면 아마도 못 알아본 채 그냥 지나치게 될 거야. 그만큼 달라.

우리의 피부는 28일마다 한 번씩 새로 태어나고 피는 4개월에 한 번씩, 뼈와 근육, 손톱, 발톱까지도 여섯 달이면 모두 새것으로 바뀌지. 그러니까 몸으로만 따지면 열다섯 살부터 지금까지 내 몸은 70번이나 새로 태어난 거나 마찬가지야.

그런데 바뀌지 않는 게 뭔지 아니? '나'라는 느낌과 생각하는 방식, '나'라는 기억이지. 쉬운 말로 하자면 습관이야. 결심이나 맹세,

노력보다 훨씬 힘이 센 건 습관이란다. 그 마음의 습관만은 뼈와 피와 세포가 70번 바뀌는 동안에도 늘 그곳에 붙어서 새로운 몸을 쓰지. 아무리 여러 번 이사를 다녀도 집주인은 그대로인 것처럼. 만약에 집주인이 항상 정리를 하지 않고 집 안을 엉망으로 어지르고 지내는 습관을 가졌다면 아무리 여러 번, 먼 곳으로 집을 옮겨 이사를 한다 해도 그의 집은 늘 엉망진창, 발 들여놓을 틈이 없을 거야.

지금 네 손이 뭘 하고 있는지를 살펴봐. 무심코 손톱을 입으로 가져가서 물어뜯거나 왼손의 거스러미를 잡아떼거나 주먹을 꽉 쥐고 있지 않은지. 네 몸이 어떤 느낌인지, 무얼 하고 있는지 그때그때 알아차려 주는 게 중요해. 친구를 사귈 때에도 친구가 왠지 우울해 보이면 "무슨 일 있어?" 하고 물어봐 주고, 무언가를 하고 있으면 "뭐해?"라고 궁금해하는 게 중요하잖아.

이렇게 바라봐 주고, 알아채 주고, 말 걸어 주는 게 몸과 친해지는 비결이야. 나도 모르게 또 책상 밑에서 다리를 달달 떨고 있다면 물어봐. '내가 왜 다리를 떨고 있지?' 몸은 분명 할 말이 있을 거야. '화장실에 가고 싶은데 수업이 끝나지 않아서 그래.' 혹은 '선생님이 발표를 시키실까 봐 불안해서 그래.' 아니면 '미술 시간 준비물을 깜박했어. 누구에게 빌려야 하나 생각하느라고 그래.' 등등……. 일단 마음이 그 이유를 알고 나면 다리는 잠잠해질 거야. '아, 나는 불안하거나 조바심이 나면 다리를 떠는구나.' 끄덕끄덕.

너는 불안할 때마다 엄지를 물어뜯지. 고민할 일이 너무 많아서 손톱이 남아날 겨를이 없어. 그런데 이거 아니? 지금 그 고민이 영원히 계속될 것 같지만 아주 우습게 끝나 버린다는 걸. 기억조차 나질 않게 될 거야. 하지만 그때 몸을 동그랗게 웅크리고 손톱을 물어뜯던 습관만은 몸에 박혀서 아직까지도 불쑥불쑥 비어져 나와. 제발 그거 고쳐 줘. '나중에 고치면 되지.'가 아니라 지금 당장, 아직 습관으로 굳지 않아서 고칠 필요가 없을 때 그만두렴.

쓸모도 없는 것들을 왜 배워야 하나요?

너는 내게 물었지. 지금 학교에서 배운 것들이 어른이 되어 쓸모가 있느냐고. 내 대답은 'NO.'야. 그때 교실에 앉아 배운 것들—이차방정식, 우라늄의 산지, 원소기호들—은 전혀 쓸모가 없을 뿐만 아니라 네 말대로 기억도 나지 않아.

하지만 단 한 가지 기억나는 게 뭔지 아니? 그걸 배우던 시간들이야. 그걸 배우기 위해 아침마다 일찍 일어나 학교에 가고, 좋건 싫건 책상에 앉아 수업을 듣고, 모르는 건 질문하고, 친구들과 함께 숙제를 하고, 참고서를 찾아보고, 시험이 다가오면 벼락치기로라도 중요한 것들을 외우던 기억. 나는 '배우는 법'을 배웠어. '목표를 이루기 위해 참고 애쓰는 법'을 배운 거야. 그리고 그건 정말 쓸모가 있단다.

살다 보면 언제나 새로운 도전에 부딪히게 되고, 그때마다 우린 새로운 것들을 배워서 헤쳐 나가야 하거든. 어릴 때 꾸준히 '배우는 법'을 배우지 못한 사람들은 어른이 되어서 휘청거린단다. 새로운 것을 시작해야 할 때마다 어찌할 바를 몰라 쩔쩔매지. 자전거 타는 법을 배우지 못한 사람처럼. 상황이 조금 마음에 들지 않으면, 조금이라도 노력해야 하는 일이 생기면 쉽게 좌절하고 포기하게 돼. 그런 사람들이 생각보다 아주 많아.

지금의 너는 당장 중간고사를 잘 보기 위해서, 좀 더 멀리는 좋은 대학에 가기 위해서 억지로 공부를 하고 있다고 생각하겠지만, 시간이 한참 흐른 뒤에 생각해 보면 중간고사 성적이나 대학의 이름 등은 크게 의미가 없어진단다.

의미 있는 것은 어린 날 성실하게 학교에 가고, 꾸준히 무언가를 배우던 경험들이야. 그건 어른이 되어서도 성장하고 배우고 앞으로 나아갈 수 있게 해 주는 힘이 된단다. 그러니까 지금 너는 의미 없는 시간 속을 지나고 있는 게 아니야.

나는 지금도 종종 그 시간을 성실하게 뚫고 지나와 준 너에게 감사해. 한창 자라날 때 포기하지 않고 배워 둔 '배우는 법' 덕분에 어른이 되어서 정말 많은 것을 쉽게 배우고 즐길 수 있었거든.

세라야, 기쁜 소식을 알려 줄게.

네 꿈은 이루어진단다. 나는 자라서 작가가 되었고, 여행을 하고 있어! 여행 작가로 살아가려면 머리도 많이 쓰고, 마음도 많이 쓰고, 무엇보다 몸을 많이 쓰게 돼. 글을 쓰려면 누구보다도 많이 앉아 있어야 하고, 여행을 하려면 별처럼 많은 사람들을 만나야 하고, 끝없이 서 있어야 하고, 때로는 아주 많이 걸어야 하지.

그래서 어느 순간부턴가 몸에 대해 생각을 하게 됐단다. 몸을 공부하고 연구하는 동안, 운동도 중요하지만 움직임은 훨씬 더 중요하다는 걸 알게 됐어. 체육시간에 운동화 끈을 단단히 묶고 철봉에 매달리거나 뜀틀을 뛰어넘는 것은 운동이지만 지금 앉아서 이 책을 읽고 있는 건 움직임이란다. 책을 읽다 말고 일어나서 마실 것을 꺼내러 냉장고 문을 여는 것도, 또 그걸 마시는 것도, 다시 책상으로 걸어 돌아와 앉는 것도 모두가 움직임이지. 체육 시간은 일주일에 두세 시간밖에 되지 않지. 움직임은 그 두세 시간을 뺀 나머지 166시간 동안 우리 몸이 계속하고 있는 일들이야. '운동'은 한두 시간 하고 나면 끝나지만 '움직임'은 끝나지 않아. 그럼 어느 쪽이 더 중요할까?

매일매일 우리는 몸을 만들어 가고 있어

세라야, 몸을 사랑하는 비결은 바로 이거란다! 네 몸이 어떻게 자라날지, 네 몸이 어떻게 보일지, 또 네가 네 몸을 어떻게 느끼게 될지를 결정하는 열쇠는 네가 매일 반복해서 하는 동작들 속에 있어. 앉아서 공부를 하고, 밥을 먹고, 컴퓨터로 게임을 하고, 버스 정류장에 서서 버스를 기다리고, 걸어서 친구를 만나러 가고, 강아지와 함께 산책하고, 냉장고 문을 열어 간식을 꺼내고, 선반 앞에 까치발을 들고 서서 맨 위 칸의 잼을 꺼내고…… 심지어 말을 하고, 숨을 쉬고, 누워 있는 동안에도 우리 몸은 쉴 새 없이 움직이면서 스스로의 모양을 만들어 가고 있어.

우리가 그 움직임을 바르게, 정성껏 할 수 있다면 얼마나 좋을까? 바른 자세, 바른 움직임이 몸에 붙어서 굳이 따로 운동을 하지 않아도 몸이 늘 활기 넘치고 균형 잡혀 있다면 얼마나 좋을까?

어른이 되어 열다섯 살의 나를 만나니 부탁하고 싶은 게 있어. 네게 공부를 더 열심히 해 달라고 부탁하진 않을게. 단지 그 공부를 바른 자세로 해 달라고 부탁하고 싶어. 잠은 충분히 자야 해. 잠을 줄이고 공부하는 것만큼 어리석은 일은 없어. 진짜 음식을 천천히, 맛있게 집중해서 먹고, 밖에 나갈 땐 모자를 쓰고, 잠은 달고 깊게, 충분히 자고, 척추를 길게 펴고 머리는 가볍게 위로 띄우고 지내 달라고 부탁하고 싶어.

몸은 늘 변하고 자란단다. 우리 마음이 변하고 자라는 것처럼. 몸에게 시간을 줘. 기다려 줄 줄 알아야 해. 친한 친구를 기다려 주듯이. 그럼 몸도 널 기다려 줄 거야. 지금은 몸이 널 기다려 주고 있는 건지도 모르지 않니? 몸은 어른이 되어 가는데 마음은 아직 몸의 속도를 따라잡지 못하고 있는 거야. 생각도, 기분도 아직 어린아이 같은 너를, 앞서서 성큼 자라 버린 몸이 가만히 기다려 주고 있는 거야. 네가 그 몸을 쓸 만큼 준비가 되고 마음이 무르익을 때까지 말이야. 그러니까 지금 당장 네 마음에 들지 않는다고 네 몸을 싫어하거나 밉게 여겨선 안 돼. 몇 살이 되건 우리는 자라는 중이란 걸 잊지 마.

쉰 살인 지금도 나는 항상 변하고 성장하고 있는걸. 네가 지금 겪고 있는 것처럼 성장통도 있어. 하지만 지금은 그것이 자연스러운 일이란 걸 알기 때문에 예전만큼 두렵거나 조바심이 나지 않을 뿐이야. 어떨 땐 몸이 앞서고, 어떨 땐 마음이 앞서고 하면서 서로를 기다려 주고 끌어 주면서 함께 가고 있단다. 정말 사이 좋은 친구처럼 말이야.

예민한 아이가
살아남는 법

너에게 고백할 게 하나 있어. 난 아직도 굉장히 예민하단다. 너는 네가 예민하고 겁 많은 채로 어른이 되어 버릴까 봐 늘 두려워했잖아. 미안하지만 쉰 살이 된 지금도 난 여전히 겁쟁이야. 사소한 것에도 신경이 쓰이고 마음이 아프지. 친구들은 종종 내게 말해.

"넌 좀 둔감해질 필요가 있어."

너는 아주 쉽게 상처를 받지. 웃으며 손을 흔들었는데도 친구가 널 못 본 채 지나가면 하루 종일 그게 맘에 걸려서 아무것도 못하는 게 너야. 누군가가 우울해하면 모든 게 네 잘못인 것만 같아서 잠 못 이루는 밤도 많고. 게다가 걱정은 또 어찌나 많은지!

네가 열네 살이 되던 생일날, 아빠랑 강아지를 입양하러 갔던 일

생각나니? 그곳은 버려진 개나 엄마 없는 강아지를 보호하는 곳이었지. 보드라운 이불을 깐 유리 벽 안에는 열 마리가 넘는 강아지들이 낑낑거리며 놀거나 잠을 자고 있었지. 푸들, 요크셔테리어, 치와와, 몰티즈…… 강아지들은 하나같이 귀엽고 사랑스러웠어. 너는 한참 넋을 놓고 강아지들을 보다가 결국은 한 마리도 고르지 못했지. 아빠는 놀라서 널 보고 물었어.

"왜? 늘 강아지를 갖고 싶다고 졸랐잖아. 마음에 드는 강아지가 없니?"

넌 눈물을 글썽이며 고개를 저었지.

"다 마음에 들어요. 열두 마리 전부 다! 그런데 내가 한 마리를 고르고 나면 나머지 강아지들이 너무 가엾잖아요."

너처럼 민감한 아이는 마음이 활짝 열려 있기 때문에 많은 것이 기분 속으로, 생각 속으로 들어와. 그래, 그렇기 때문에 다른 이들보다 자주 마음이 아프지. 너는 앞으로도 슬퍼하는 친구를 위해서, 또 외로운 사람들을 볼 때마다 많은 눈물을 흘릴 거야.

그걸 심리학 용어로 '초민감 성격(HSP)'이라고 해. 우린 다른 사람들보다 조금 더 민감하고 마음이 약할 뿐이야. 그런데 그게 반드시 나쁜 것만은 아니란다. 네가 스스로의 감정을 보호할 수 있을 만큼 자라고 네 몸과 마음을 사랑하기만 한다면 그건 재능이 될 수도 있어. 나는 너에게 '좀 둔감해져.'라고 말하고 싶지 않단다. 둔감해지지 않아도 돼. 아니, '너' 아닌 어떤 것도 되려고 해서는 안 돼.

"수정이를 좀 보렴. 그 아이는 너처럼 작은 일로 끙끙 앓지 않잖아. 금방 툭 털고 일어나서 씩씩하게 지내잖아."라고 어른들은 이야기하지. 하지만 그거 아니? 수정이와 너는 마음의 모양이 달라. 동그라미와 세모만큼 다르지. 그리고 동그라미는 동그랗기 때문에 쓰임새가 많고, 세상엔 세모가 없으면 완성할 수 없는 그림도 아주 많단다. 우리가 느끼는 방식은 모두가 달라. 사람마다 키가 다르고 얼굴이 다른 것처럼 우리의 마음 생김생김도 저마다 독특하단다. 누군가는 대범하고 용감한 반면 누군가는 내성적이고, 또 누군가는 겁이 많고 소심한 거야. 우리는 그런 식으로 세상을 느끼고 그런 식으로 다른 이들과 어울려 살아가게 되어 있어.

만약에 세모가 동그라미를 닮으려고 자신의 뾰족한 모서리를 깎아 버리거나 동그라미가 세모를 부러워한 나머지 둥근 모양을 잃어버린다면 어떻게 될까? 예민하기 때문에 다른 이는 느낄 수 없는 걸 느낄 수 있어. 민감하고 마음이 약하기 때문에 해낼 수 있는 용감한 일들도 분명히 많이 있단다. 아인슈타인 같은 과학자도, 피카소 같은 화가도, 버지니아 울프 같은 작가도, 인류의 자유와 평등을 위해 싸운 에이브러햄 링컨 대통령도 민감하고 예민한 성격의 소유자였어.

민감한 사람들은 똑같은 것을 보더라도 다른 사람들이 보지 못하는 것을 볼 수가 있고 더 깊이 느낄 수가 있어. 다른 사람의 아픔을 함께 느끼기 때문에 누군가를 진심으로 도와줄 수도 있단다. 그뿐이 아니야. 다른 이의 기쁨이나 즐거움도 쉽게 내 것이 돼.

그리고 마음이 약한 대신 상상력이 풍부하지. 네가 여섯 살, 일곱 살 무렵 상상 속의 친구들과 이야기 나누던 것 기억하니? 너는 마음 속에서 많은 것을 가질 수 있어. 상상하고, 마음으로 그려 보는 게 즐거우니까.

감동도 쉽게 받고, 웃기도 울기도 보통 사람보다 훨씬 잘하지. 아름다운 것을 보면 마음을 쉽게 빼앗기기 때문에 종종 구름을 보다가 발을 걸려 넘어지기도 하고, 작은 풀꽃에 한눈을 팔다가 길을 잃기도 해. 이런 사람들은 자면서 꿈도 아주 생생하게 꾸는 경우가 많아.

또 한 가지 특징은 깜짝깜짝 잘 놀란다는 거야. 초민감 성격을 가진 사람들을 놀래기는 아주 쉽지. 너도 누군가 살금살금 다가와서 어깨를 툭 치기만 해도 펄쩍 뛰어오를 정도로 놀라잖아. 그런 나를 아직도 친구들은 '토끼 심장'이라고 놀린단다.

또, 다른 이의 기분에 아주 민감하지. 좋게 말하면 눈치가 빠른 거지만 그건 눈치와는 또 달라. 감정이나 분위기를 다른 사람들보다 자세히 읽을 수 있는 거야. 다른 사람들은 잘 눈치채지 못하는 미세한 얼굴 표정, 목소리의 온도, 작은 몸짓 하나까지 세세하게 눈에 들어오고 느껴지는 거지. 그래서 마음이 쉽게 지친단다. 다른 이들의 몫까지 느껴지니까.

그 대신 우리도 감정이 셀로판지처럼 투명하게 들여다보여. 그래서 늘 감정을 들키면서 살아간단다. 마음을 숨기거나 '척'하는 게 서투니까. 누구라도 우리 얼굴을 보기만 하면 속마음을 고스란히 읽을 수가 있어. 표정을 숨길 수 없거든.

하지만 그런 사람은 진정한 친구가 된단다. 쉰 살이 된 지금, 나의 가장 큰 보물은 오랜 친구들이야. 20년 지기, 30년 지기…… 무엇과도 바꿀 수 없지. 어때, 지금은 좀 힘이 들겠지만 네 마음의 모양을 지켜 낼 가치가 충분하지 않니?

세상에 완벽한 것은 없어, 그리고 완벽한 것은 아름답지 않단다

민감한 것은 내성적인 것과는 다르단다. 우리는 수줍음이 많거나 조용한 성격이 아니라 마음으로 많은 것을 경험하는 스타일일 뿐이야. 초민감 성격을 가진 사람들 중에 30퍼센트 이상이 쾌활하고 외향적인 성격이라는 걸 알고 있니? 얼핏 볼 땐 동그라미처럼 보이지만 혼자 마음속에 세모를 품고 있는 사람이 생각보다 많이 있단다. 너도 '싹싹하고 성격 좋은 아이'란 소리를 종종 듣잖아.

초민감 성격을 가진 사람들은 창조적이고 생각이 깊지. 하지만 그만큼 스트레스를 받기도 쉬워. 이런 사람들의 특징은 잔인한 것을 잘 보지 못하고, 다른 사람이나 동물에게 가해지는 폭력도 견디지 못하는 거야.

또, 생각에 한번 빠져들면 아주 깊이 들어가 버리기 때문에 우울해지기도 쉬워. 완벽주의자들 중에도 이런 성격이 많단다. 아주 작은 부분까지 신경이 쓰이고 사소한 실수도 마음에 거슬리기 때문이지. 하지만 세라야, 세상에 완벽한 사람이란 없어. 완벽한 일도 없지. 네가 아무리 애를 쓴다 해도 모든 것이 완벽하게, 네가 생각했던 대로 흘러가는 일은 없을 거야. 그걸 인정하고 나면 마음이 훨씬 편안해진단다. 그리고 지나간 뒤에 생각해 보면 네가 처음에 생각했던 대로 흘러가지 않았기 때문에 완벽해진 경험이 더 많았다는 걸 알게 될 거야.

네가 스물일곱 살 되는 해 일어날 일을 얘기해 줄게. 우린 인도로 떠나. 아주 느닷없이. 맞아, 흰 소들이 찻길을 가득 메운 채 어슬렁거리고 물 항아리를 머리에 인 여자들이 이마에 붉은 점을 찍고 다니는 그 인도 말이야. 거길 왜 갔냐고? 음…… 요가를 배우려고. 좀 더 솔직히 말하자면 '나'를 배우고 싶었어. 스물일곱 살의 나는 너무 바쁘고, 너무 정신없고, 벌여 놓은 일들이 너무 많아서, 또 그 모든 것을 완벽하게 해내고 싶어서 스스로를 달달 볶느라고 마음이 엉망진창이었어. 그래서 내가 누구인지, 내가 정말 원하는 게 뭔지를 잊어버렸지 뭐야.

그래서 어느 날 결심했지.

'더 이상 이렇게 날 몰아붙이면서 살 수는 없어. 아주 낯선 곳으로 가서 나를 다시 찾아야겠어.'

그때 내가 떠올릴 수 있던 가장 낯선 곳이 인도였거든. 고요하고 평화로운 성자들의 나라에 가서 차분히 마음을 가라앉히고 나 자신과 다시 대화하고 싶었지.

하지만 내 계획은 인도에 도착하던 첫날부터 와르르 무너졌어. 그곳은 고요하지도, 평화롭지도 않았거든. 그러기는커녕 세상에서 제일 정신 없는 곳이 아닐까 생각될 정도로 시끄럽고 뒤죽박죽이었지.

그중에서도 특히 인도의 기차역은 정말로 정신이 없단다. 인도에 도착한 지 3일째 되던 날, 나는 처음으로 기차를 타려고 콜카타 역에 갔다가 그 난리 법석의 한가운데서 넋이 나가 버렸어. 수백 개는 되어 보이는 기차 레일들이 거미줄처럼 어지러이 얽혀 있는 데다가 그때만 해도 인도에 영어로 된 표지판은 찾기 힘들었기 때문에, 내가 타야 할 퐁디셰리행 기차를 도대체 어디에서 타야 하는지 알 수가 없었지. 이리저리 지나가는 사람들에게 물어보았지만 저마다 다른 곳을 가리키면서 "저 기차가 퐁디셰리행이에요." "아니, 이 기차가 맞아요." 심지어는 "오늘 퐁디셰리행 기차는 취소되었어요."라고 엉터리로 알려 주는 게 아니겠니? 게다가 외국인인 나를 보고 몰려드는 장사꾼은 어찌나 많은지! 열 명이 넘는 장사꾼들이 나를 빙 둘러싸고는 꽃을 사라고, 튀김 과자를 사라고, 그림엽서를 사라고, 코브라가 튀어나오는 바구니를 사라고 옷깃을 잡아끄는 통에 나는 거의 바닥에 주저앉을 지경이었지.

그러다가 열차 출발 시간이 다가올 무렵 겨우겨우 '퐁디셰리'라고 쓰인 기차를 발견하고는 막 움직이려는 기차에 뛰어올랐어. '휴우 다행이다.' 안도감에 커다란 한숨이 새어 나왔지. 운이 좋게도 빈자리도 찾을 수 있어서 나는 배낭을 끌어안고 깜박 잠이 들었어.

그러다가 누군가가 내 소매를 흔드는 게 느껴져 눈을 떴지. 검표원이었어. 그는 깨워서 미안하다는 듯 웃으면서 말했어.

"표를 보여 주세요."

나는 옷 주머니에 넣어 두었던 기차표를 꺼내 보여 줬지. 그는 표를 받아 들고 이리저리 살펴보더니 고개를 갸웃했어.

"저…… 이건 퐁디셰리행 표인데요? 기차를 잘못 타신 것 같아요. 이 기차는 퐁디셰리에서 출발한 기차예요."

그 순간 난 머리를 한 대 얻어맞은 것처럼 귓속에서 '윙~' 소리가 나면서 눈앞이 핑 돌았어. 시계를 보니 기차를 타고 깜박 잠이 든 지 한 시간이나 지나 있었지. 내가 가야 할 곳에서 이미 너무 멀리 지나온 거야.

나는 거의 울 듯한 목소리로 그 검표원에게 물었지.

"그럼 이 기차는 이제 어디로 가는 건가요?"

"두 시간 후면 잔시에 도착할 거예요. 급행이라서 중간의 작은 역들에서는 쉬지 않아요."

말도 안 돼. 나는 마음을 진정시키려고 눈을 감았지만 도저히 불안한 마음이 가라앉지 않았어. 잔시라고? 이름조차 들어 본 적 없는 곳이었지. 내 배낭엔 겨울 옷 한 벌도 들어 있지 않았고. 따뜻한 남쪽으로 가려던 나의 계획은 정반대 쪽으로, 콜카타보다 더 추운 북쪽을 향해 급행으로 달리고 있었던 거야. 이제 어떻게 해야 하지? 그러지 않아도 낯선 곳에서 더더욱 낯선 곳으로 가야 한다는 느낌에 몸이 부서질 것만 같았지. 그곳에 기차가 도착할 즈음이면 밤일 텐데. 나는 겁이 나고 외로워서 비좁은 좌석 위에서 무릎을 끌어안고 몸을 웅크렸어.

그런데 그 순간, 내 코앞에 귤 하나가 불쑥 나타났어. 나는 깜짝 놀라서 고개를 들었지. 조그만 얼굴 하나가 생글생글 웃으면서 내게 귤을 내밀고 있었어. 예닐곱 살 정도로 보이는 소년이었지. 그리고 그 아이 곁에는 부모로 보이는 젊은 부부가 앉아서 함께 미소를 짓고 있었어. 나는 귤을 받아 들고 감사의 표시로 가까스로 웃음을 지어 보였지. 아이 엄마가 먼저 말을 꺼냈어.

"퐁디셰리로 가는 길이었군요?"

나는 아직 충격에서 벗어나지 못했기 때문에 말없이 고개만 끄덕였지.

"퐁디셰리에 급한 일이 있나요? 거기서 누가 기다리나요?"

그녀의 물음에 고개를 가로저으면서 나는 마음속에 매듭 하나가 스르륵 풀어지는 걸 느꼈어. 내가 퐁디셰리에 꼭 가야 할 이유가 있었나? 기다리는 사람이 있었나? 물론 아니었지. 그런데 왜 나는 세상이 끝난 것처럼 낙심에 빠져 있는 거지?

"우린 오르차 마을에 살아요. 거기 가 본 적이 있나요? 잔시에서 버스를 타고 30분이면 가는데, 아주 좋은 곳이랍니다."

그녀는 한 번도 걱정이란 걸 해 본 적 없는 사람처럼 생글생글 웃으면서 이야기했어. 그 가족들은 모두 미소가 얼굴에 판박이처럼 박혀서 한순간도 떠나지 않았지. 나는 그들이 웃는 모습을 보는 것만으로도 마음이 한결 편안해지는 걸 느꼈어.

"혹시 작은 집이라도 괜찮다면 오늘 밤 우리 집에서 지내는 게 어때요? 잔시는 관광지가 아니라서 호텔이 거의 없거든요. 그리고 내일은 오르차에서 제일 멋진 곳을 보여 드릴게요. 퐁디셰리는 그다음에 가도 되잖아요."

그 아이 엄마의 이름은 슈미라고 했어. 그리고 우연히도 나와 같은 스물일곱 살이었지. 남편은 오르차 마을의 우체국에서 집배원으로 근무한다고 슈미는 수줍게 웃으며 이야기했어. 집배원인 남편을 자랑스럽게 여기고 있는 게 틀림없었지. 그들은 흙벽을 바르고 뾰족한 지붕을 얹어서 2층으로 올려 지은 아담한 집에 살고 있었어. 부부는 친절하게도 손님인 내게 자신들의 하나뿐인 침대를 내어 주며 말했어.

"인도에서는 '내 집에 들어온 손님은 신이 방문한 것처럼 대접하라'고 배우거든요. 신이 가장 좋은 자리에서 자는 게 당연해요."

나는 슈미가 깔아 준 폭신한 양털 담요 속에 파묻혀 신처럼 깊은 잠 속에 빠져들 수 있었지.

그리고 그다음 날 아침, 슈미의 남편이 우편 배달을 할 때 쓰는 노란 오토바이 뒷자리에 슈미, 나, 어린 아들이 서로의 등을 꽉 부둥안고는 모두 올라탔어. 놀랐니? 인도에서 이 정도는 아무것도 아니야. 오토바이 한 대에 예닐곱 명의 가족이 강아지까지 안고 몽땅 타고 달리는 광경을 심심찮게 보게 되는걸.

그날 그들이 날 데리고 가 주었던 사원과 궁전들의 풍경을 나는 잊지 못해. 오르차 마을은 17세기 분델라 왕조가 일으킨 작은 왕국의 추억을 고스란히 간직하고 있는 곳이었단다. 함께 구경했던 제항기르 마할도, 라즈 마할도, 그리고 락슈미 나라얀 만디르 옆에 서 있던 바오바브나무도 꿈처럼 아름다웠지. 나는 그 바오바브나무에 기대어 어린 왕자를 떠올리며 가만히 하늘을 올려다보았어. 나도 모르게 얼굴에 웃음이 가득 퍼졌지. '고맙습니다.' 누구에게랄 것도 없이 내 마음은 그렇게 말하고 있었어. 길을 잃게 해 주어서, 날 이곳에 데려와 주어서 고마워요.

만약에 내가 그 전날 반대 방향으로 가는 기차를 타지 않았더라면 나는 아마도 오르차 마을에 영영 가 보지 못했을 거야. 그 장소는 여행 책에는 나오지 않는 곳이었고 내 계획에도 없었으니까. 하지만 누군가가 더 좋은 계획을 숨겨 두고 있었다는 걸 이제는 안단다.

나는 결국 오르차 마을에 이틀을 더 머물게 돼. 그리고 내가 원래

계획대로 퐁디셰리로 가기 위해 떠나던 날, 슈미와 그녀의 남편, 그리고 얼굴이 깜찍한 아들은 한 명씩 돌아가며 날 끌어안고 뺨에 입을 맞춘 뒤 말했지.

"네가 세상을 여행하는 동안 즐거운 일이 많이 일어나도록 신께 기도할게. 하지만 어딜 가든 오르차 마을에도 네 집이 있다는 걸 기억해 주렴."

그때 반대 방향으로 가는 기차를 타지 않았더라면 나는 아름다운 인도의 시골 마을에 집과 가족을 갖지 못했을 거야. 해 질 무렵에 작은 집을 방문한 신 대접을 받아 보지도 못했을 거고.

그리고 지금은 내 추억 앨범 속에 가장 아름답게 빛나는 장면들이 거의 다 '내 뜻대로 되지 않은 상황들' 덕분이었다는 걸 알게 되었단다. 그때 바로셀로나에서 길을 잃지 않았더라면, 그때 파리에서 소매치기를 당하지 않았더라면, 자전거를 타고 가다가 통나무에 걸려 넘어지지 않았더라면, 그 시험에서 떨어지지 않았더라면…….

세라야, 완벽하려고 애쓰지 않아도 좋아. 네 계획대로 일들이 흘러가지 않는다고 너무 낙심할 필요도 없고. 살다 보면 가끔씩 잘못 든 길 위에서 진짜 목적지를 발견하게 된단다. 길을 잃지 않으면 찾을 수 없는 길이 있거든.

내 마음의 빨간 바늘이 가리키는 곳으로

 일곱 번째 선물: 나침반

우리는 저마다 마음속에 나침반을 가지고 있어. 그 나침반이 어디로 가야 행복해지는지, 우리에게 꿈의 방향을 가리켜 주지. 청소년기는 그 나침반을 갈고 닦으며, 그걸 통해서 길을 찾는 연습을 하는 시기야. 그래서 지금은 마음의 나침반 보는 법을 배우는 것이 가장 중요하단다. 가장 '나'다운 것이 무엇인지, 무엇을 하고 있을 때 가장 행복한지, 무엇이 가장 의미 있게 느껴지는지를 찾는 소중한 시기야.

그런데 다른 친구들이 가는 방향이 좋아 보인다고 해서, 네 마음의 모양을 무시한 채 주위 어른들이 말하는 대로 무턱대고 따라가다 보면 네 나침반은 고장이 나 버려. 그리고 네 꿈은 길을 잃어버린단다.

'내가 뭘 하고 싶은지 모르겠어.'

'이 길이 맞는 길인지 모르겠어.'

'뭘 해도 행복하지가 않아. 다른 사람들은 다 행복해 보이는데 왜 난 늘 불행할까?'

'열심히 살았는데도 왜 늘 제자리걸음이지?'

이런 생각이 든다는 건 네가 너의 꿈이 아닌 다른 이의 꿈을 따라가고 있다는 증거야.

널 가장 행복하게 하는 걸 찾으렴. 그건 단순히 네가 좋아하거나 재미있는 것과는 달라. 그걸 하고 있으면 '나다움'에 가슴이 뿌듯해지고 스스로가 좋아지는 일, 그걸 찾아야 해. 조금 힘들어도 견딜 가치가 있다고 느껴지는 일 말이야.

우리 마음속의 나침반은 우리를 생각하고 탐험하게 이끌어. 우리는 아름다운 것을 좋아하고 의미를 찾고 싶어 하지. 그리고 그걸 다른 이들과 나누고 싶어 해. 날 지금까지 여행하게 만들고 또 글을 쓰게 만든 것도 이 나침반이었어. 그 빨간 바늘이 가리키는 방향을 향해, 가슴 뛰는 것들을 하면서 꾸준히 걸어 왔기 때문이란다.

이 나침반을 이제, 너에게 줄게.

6장

행복한 오렌지나무가 되는 법

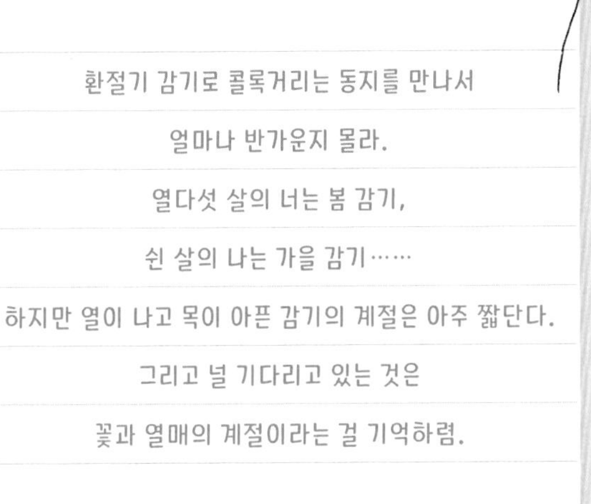

환절기 감기로 콜록거리는 동지를 만나서

얼마나 반가운지 몰라.

열다섯 살의 너는 봄 감기,

쉰 살의 나는 가을 감기……

하지만 열이 나고 목이 아픈 감기의 계절은 아주 짧단다.

그리고 널 기다리고 있는 것은

꽃과 열매의 계절이라는 걸 기억하렴.

봄, 여름, 가을, 겨울

네가 이제부터 몸과 함께 떠나게 될 여행은 널 많은 곳으로 데려갈 거야. 그래, 지금까지 엄마, 아빠를 따라, 혹은 다른 어른들을 따라 떠났던 여행들보다 훨씬 다양한 장소, 아주 다른 경험들 속으로 말이야. 왜인 줄 아니? 네가 이제 서서히 '어른의 모습'으로 변화하고 있기 때문이지. 모습이 변한다는 건 굉장히 큰 의미가 있거든. 일단 사람들이 널 대하는 태도가 달라지지. 식당이나 옷 가게에 갔을 때를 한번 떠올려 보렴. 너 혼자 들어갔을 때랑 엄마와 함께 갔을 때 점원들의 태도가 달랐던 것 기억하지? '어른의 모습'이란 그런 힘이 있는 거야. 성숙한 한 사람이 갖는 당당함 같은 거란다.

성숙은 '성장'과는 미묘하게 달라. 성장이 빨라서 어른보다 키가 큰 초등학교 고학년 학생은 얼마든지 있지. 하지만 그 아이들이 어른으로 보이진 않잖아? 아무리 덩치가 크고 키가 큰 아이라고 해도 '아이스러움'을 숨길 수 없는 거야. 반대로 아무리 자그맣고 왜소해도 어른은 누구나 한 번에 알아보고 깍듯이 성인으로 대접하지.

네가 지금 낯설어서 숨기고 싶어 하는 몸의 변화들이 바로, '나는 키만 자란 아이가 아니라 성숙한 성인입니다.'라는 표식들을 몸이 조금씩 드러내 보이기 시작하고 있는 거란다. 물론 그 표식들이 완전히 드러나고 자리를 잡을 때까진 조금 더 시간이 걸려. 보통 열아홉 살에서 스무 살 무렵이면 누가 봐도 성인의 모습을 갖추게 돼. 하지만 그 과정이 언제 시작되고 언제 자리를 잡을지는 사람마다 조금씩 다르단다. 너는 또래 친구들보다 한발 늦은 편이라서 완전히 어른으로 보이기까지 1~2년 정도 더 시간이 걸릴지도 몰라.

하지만 분명한 건, 너도 모르게 어느 순간부터 더 이상 누구도 네게 '부모님은 어디 계시니?' 혹은 '보호자와 함께 오세요.'라고 말하지 않게 된다는 거야. 그 순간부터 너의 진짜 항해가 시작되지.

그 몸과 함께 너는 이곳저곳 거리를 탐험하고, 바다를 건너고, 기차를 타고, 도서관에서 공부를 하고, 살구 한 바구니를 먹어 치우고, 마음 졸이며 누군가를 기다리고, 삼바 춤을 추고, 밤 새워 눈이 퉁퉁 붓도록 울고, 눈 오는 날 소프트아이스크림을 핥으며 버스를 기다리게 될 거야.

그렇게 장소와 기분들 속을 함께 건너기도 하지만, 더 중요한 건 몸은 우리와 손을 잡고 시간 속을 건넌다는 사실이란다. 시간이 흐르면서 과일나무가 자라고 꽃이 피고 열매가 맺는 것처럼 우리 몸도 봄, 여름, 가을, 겨울을 지나면서 자라고, 꽃을 피우고, 열매를 맺지. 그래서 봄의 오렌지나무와 가을의 오렌지나무는 색깔도, 향기도 아주 다르단다.

열다섯 살의 세라야, 너는 지금 봄의 오렌지나무야.

봄의 오렌지나무와 가을의 오렌지나무

봄, 여름, 가을, 겨울 이야기가 나왔으니 말인데, 감기 환자가 제일 많이 생기는 계절이 언제인지 아니? 추운 겨울이라고? 틀렸어. 바로 봄이야. 그다음은 가을이고. 봄, 가을은 우리가 흔히 환절기라고 부르는 시기지. 말 그대로 계절이 바뀌는 시간이란 뜻이야. 겨울에서 여름으로 가는 경계선, 아직 겨울이 끝난 것도 아니고 그렇다고 여름이 시작된 것도 아닌, 애매하고 아슬아슬한 계절인 거지. 어떤 날은 겨울처럼 춥다가 그다음 날은 쨍하니 덥기도 하고, 심지어 아침엔 겨울, 낮엔 여름, 오후엔 가을, 밤엔 겨울로 돌아오기도 하는 게 봄이잖아. 난 아직도 봄만 되면 아침에 집을 나서기 전에 도대체 무슨 옷을 입어야 할지 한참을 고민하곤 해. 그러니까 우리 몸이 오르락내리락 하는 온도에 적응을 하지 못하고 혼란스러워하다가 감기에 걸려 버리는 거지.

봄엔 꽃이 피고 가을엔 단풍이 드니까 자연의 계절이 바뀌는 건 쉽게 알아볼 수 있는데 우리 몸의 계절은 어떻게 알아볼까? 우리 몸도 자연처럼 계절이 바뀐다는 뚜렷한 신호를 보낸단다. 작년에 월경이 시작되던 순간, 네 몸에서 봄을 알리는 첫 종달새가 노래하기 시작한 거야. 그런데 말이야, 아직 꽁꽁 언 얼음이 풀리지도 않고 예쁜 꽃들도 보이지 않을 거야. 그래서 넌 혼자 생각하지. '봄이 왔다고? 이렇게 춥고 바람이 쌩쌩 부는데? 내가 생각했던 봄은 이런 게 아니야.' 그러기는커녕 네 마음은 오히려 한겨울보다 더 춥게 느껴질 수도 있어.

아직 '아이'의 시절이 끝난 것도 아니고 그렇다고 '어른'은 더더욱 아니고……. 어떤 날은 초등학교 1학년 아이처럼 떼를 쓰면서 울고 싶기도 하고 또 어떤 날은 어른들의 고민이 모두 이해되어서 고개가 끄덕여지기도 하고……. 주위를 둘러보면 벌써 어른처럼 성숙하고 의젓해 보이는 또래 친구들이 '봄이 왔는데 너는 왜 아직도 겨울 옷을 입고 있는 거야? 덥지 않니?'라고 비웃는 것 같아서 내키지 않는데도 얇은 옷차림으로 다닐 때도 있어.

그러다가 덜컥 마음이 감기에 걸려 버리는 거지. 하지만 걱정할 필요 없단다. 마음 감기는 몸 감기랑 똑같거든. 조금 기침을 하고, 조금 열이 나고, 조금 앓고 나면 다시 가뿐하게 '나'로 돌아오니까. 가벼운 환절기 증상을 겪는 것뿐이야.

나는 올해 쉰 살이 되었고 이제 내 몸은 가을의 오렌지나무란다. 그리고 나도 환절기 증상을 겪고 있어. 더 이상 '젊은' 것도 아니고 그렇다고 '늙은' 것도 아닌, 애매하고 아슬아슬한 경계에 서 있지. 딱 지금의 너처럼 말이야. 네가 월경을 시작하며 겪었던 몸의 변화도 다시 내게 찾아왔단다. 물론 이번엔 조금 다른 방식으로. 여름이 끝나고 가을이 시작된다는 우리 몸의 신호는 월경 주기가 길어지는 것으로 나타나지. 아마도 내년쯤이면 나는 완경을 맞게 될 거야.

이제 막 마음의 가을이 시작된 참이라 내 마음에 도대체 무슨 옷을 입고 지내야 할지 모르겠어. 열다섯 살 때처럼 기분이 들쭉날쭉하거든. 나는 요즘 모든 것이 즐거워서 콧노래를 부르다가도 아무 이유 없이 슬픈 마음이 들어서 눈물을 뚝뚝 흘리기도 해. 그뿐만이 아니야. 어떤 날은 열다섯 살처럼 느껴지다가도 또 어떤 날은 여든 살 할머니처럼 느껴질 때도 있어서 내 안에서 갈팡질팡하고 있단다. 아무리 나이가 들어도 새로운 건 늘 조금은 두렵거든. 그래서 네 편지를 발견했을 때 더 반가웠는지도 몰라. 인생의 환절기를 겪는 동지를 만난 느낌이랄까?

난 내가
마음에 들어

세라야, 비밀을 한 가지 가르쳐 줄까?

인생에는 우리가 선택할 수 있는 것이 있고 선택할 수 없는 것도 있어. 사과나무가 바나나를 맺겠다고 결정할 수 없는 것처럼, 배나무가 포도나무가 되길 선택할 수 없는 것처럼 말이야. 우리는 모두 달라. 저마다의 향기가 있고 색깔이 있지. '나' 아닌 다른 것이 되려 해서는 안 돼. 그 대신 우리는 훨씬 더 중요한 걸 선택할 수가 있어. '어떤 오렌지나무가 될 것인가.' '어떤 사과를 맺을 것인가.' '얼마나 많은 포도를 열리게 할 것인가.'를.

그 나무가 봄과 여름에 얼마만큼의 햇빛을 받고, 얼마만큼 깊고 튼튼한 뿌리를 내려 양분을 빨아들였는지는 그 열매를 보면 알 수 있지.

너는 지금쯤 내게 묻고 싶겠지.

"가을의 오렌지나무, 당신은 당신의 열매가 마음에 드나요?"

난 지금 가만히 고개를 끄덕이고 있단다. 난 나의 오렌지가 마음에 들어. 아니, 무엇보다도 그것이 '오렌지'라는 사실이 마음에 들어. 내가 매 순간 나다운 결정을 내리고 내가 되기 위해 애써 왔다는 증거니까 말이야. 그리고 내가 오렌지처럼 건강하고 명랑한 것도 마음에 든단다. 나는 아직도 틈날 때마다 머리를 가볍게 띄우고, 어깨를 내리고, 습관처럼 물을 마시고, 파란 모자를 쓰고 다녀. 항상 신선한 음식을 즐겁게, 맛있게 먹고 가끔씩 우울한 기분이 들 때면 경쾌하게 걸으면서 마음속으로 콧노래를 부르는 것도 잊지 않지.

내가 지금까지 네게 준 선물들, 그리고 함께 나눈 이야기들은 모두 그 나무를 봄과 여름 동안 정성껏 돌보고 가을에 아름다운 열매를 맺게 하기 위한 것이란다. 물론 그런 나무는 겨울에도 흔들리지 않고 뿌리에 수액이 가득한 채로 추운 계절을 날 수 있지.

우리가 맺을 수 있는 가장 아름다운 열매는 '내가 나를 좋아하게 되는 것'이야. 큰 집을 사고, 유명해지고, 비싼 물건을 갖는 게 아니야. 가을이 왔을 때 자기 열매가 마음에 드는 나무보다 행복한 나무가 있을까?

세라야, 몇 살이 되건 우린 아직 자라는 중이란 걸 잊지 마. 그리고 맞이하게 될 모든 계절이 그 나름의 아름다움으로 나무를 축복

한다는 걸. 네가 이 봄 감기를 앓고 나서 맞이하게 될 계절은 꽃으로 가득한 봄과 태양 가득한 여름이란다. 지금은 몸이 성큼 크게 한 걸음 앞서서 걷고 있지만 곧 네 마음도 몸의 속도를 따라잡고 사이좋게 나란히 걷게 될 거야.

누에고치는
나비랑 하나도 안 닮았단다

세라야, 네 편지를 읽는 내내 내 눈앞엔 누에고치가 아른거렸어. 단단한 고치 속에 웅크리고 있는, 겁 많고 꿈 많은 애벌레 말이야. 이 고치 바깥의 세상은 어떤 곳일까 호기심에 콩닥콩닥 가슴이 뛰면서도, 조그맣고 볼품없는 애벌레인 채로 세상에 뛰어들기엔 너무나 겁이 나고……. 누에고치는 정말 별 볼 일 없지. 예쁘지도 않고 향기롭지도 않고 색깔도 없어.

지나가다가 누에고치를 보고서 발걸음을 멈추고는 "아, 저 애벌레를 좀 봐. 정말 예쁜 나비가 될 것 같지 않아?"라고 감탄하는 사람은 없단다. 사람들은 그저 시큰둥하게 스쳐 지나가지. 아직 알지 못하고 보이지 않으니까. 너의 날개가 어떤 색깔인지, 얼마나 큰지, 어떤 무늬를 갖고 있는지는 너의 미래가 펼쳐지기 전엔 아무도 알 수가 없어. 심지어 아직은 너조차도 알 수가 없단다. 너의 진짜 무늬와 색깔은 날개 속에 감추어져 지금은 접혀 들어가 있어. 그러니 조금만 기다리렴.

그 안에서 너는 철저히 혼자이기 때문에 외롭다고 느낄 수밖에 없어. 그리고 그 외로움은 날개를 키우고 색을 입히고 무늬를 그리는 데 가장 좋은 영양소란다. 네가 세상에 태어나기 전에도 열 달 동안 엄마의 몸속에서 혼자 웅크리고 있었다는 걸 기억하렴. 지금의 그 외로움은 견딜 가치가 있어. 왜냐하면 우리는 그렇게 혼자 외로운 시간 속에 있을 때 자라거든.

엄마도, 아빠도, 선생님도, 친구들도 그 누에고치를 소중히 지켜 주고 북돋아 주고 영양을 줄 수 있을 뿐 너 대신 자라 줄 수 없어. 그 껍질을 대신 깨고 나와 줄 수도 없지. 만약 누군가가 외로운 누에고치가 가여워서 스스로 깨고 나오기도 전에 그 껍질을 벗겨 버린다면 그 애벌레는 영영 날개를 갖지 못한 채 평생 애벌레인 채로 살아가게 될 거야.

너도 곧 이따금 그런 사람들을 만나게 될 거야. 자신의 꿈을 펼쳐서 훨훨 날지 못하고 늘 애벌레인 채로 누군가에게 기대어 살아가는 사람들 말이야. 스스로의 날개를 갖지 못한 사람들은 아무리 나이가 들어도 자신의 색깔이 무엇인지, 진정 원하는 것이 무엇인지 알지 못한단다. 세상에서 가장 슬픈 일이 무언지 아니? 자신만의 꿈을 갖지 못하는 거야. 그래서 그들은 늘 불행하고 우울한 얼굴을 하고 우울한 몸으로 살아가지.

어느 화창한 봄날, 날개가 충분히 자란 너는 칙칙한 껍질을 깨고 나와서 화려한 날개를 활짝 펴게 될 거야. 그때야 비로소 사람들은 널 보고 걸음을 멈추고는 감탄하게 되지.

"저 나비를 좀 봐! 어쩜 저렇게 훨훨, 예쁘고도 자유롭게 날아다닐까."

편지를 접으며

세라야, 35년 후에 너는 나를 만나게 되겠지.
그때까지 내가 준 일곱 개의 선물들을 잘 간직해 줄 수 있겠니?
풍선과 소프트아이스크림, 당나귀, 초콜릿, 모자, 물병, 베개, 그리고 나침반을.
이 선물들을 우리가 다시 만났을 때 활짝 웃는 모습으로 내 앞에 꺼내어 보여 주렴. 자기 몸을 사랑하고 소중히 가꾸고 돌봐 온 사람만이 지을 수 있는 밝은 웃음과 함께 말이야.
너를 만나고 이야기할 수 있어서 난 너무나 기뻤단다.
네가 어디에 있건, 무엇을 하건 몸도 마음도 행복하도록 난 너를 응원하고 있을게.

사랑을 담아,
미래의 나로부터.

소녀를 위한 몸 돌봄 안내서
— 하고 싶은 게 많은 너에게 주고 싶은 '몸과 마음이 함께' 자라는 습관

2021년 6월 3일 초판 1쇄 발행

글 곽세라 • **그림** 김설희
펴낸이 류지호 • **상무이사** 양동민 • **편집이사** 김선경
편집 이기선, 정회엽, 곽명진 • **디자인** 박은정
제작 김명환 • **마케팅** 김대현, 정승채, 이선호 • **관리** 윤정안

펴낸 곳 원더박스 (03150) 서울시 종로구 우정국로 45-13, 3층
대표전화 02) 420-3200 • **편집부** 02) 420-3300 • **팩시밀리** 02) 420-3400
출판등록 제300-2012-129호(2012. 6. 27.)

ISBN 979-11-90136-46-4 (44190)
978-89-98602-92-5 (세트)

★ 잘못된 책은 구입하신 서점에서 바꾸어 드립니다.
★ 독자 여러분의 의견과 참여를 기다립니다.
블로그 blog.naver.com/wonderbox13 • 이메일 wonderbox13@naver.com